* 이 책의 원본 제목은 《Raskaz o prirode dlya detei》 입니다.

톨스토이가 들려주는 자연 이야기

글쓴이 레프 톨스토이 그린이 강수진 옮긴이 홍순미

써네스트

옮긴이의 글

톨스토이와 함께 떠나는 자연 여행

이 글을 쓴 톨스토이는 누구에게나 익숙한 이름입니다.

그가 세계에서 가장 훌륭한 소설가 중의 한 명이라는 것을 모르는 사람은 아마도 없을 것입니다.

모스크바에 있는 러시아의 국립도서관인 레닌 도서관(보유하고 있는 책이 세계에서 가장 많은 곳 중의 하나)의 자유 열람실에는 그의 100권짜리 전집이 한쪽에 자리를 잡고 있습니다.

모두들 그 위용에 겁을 먹게 되죠.

어떻게 사람이 이렇게 많은 양의 글을 쓸 수 있었을까?

일 년에 한 권의 책을 쓴다고 하면 백년이 걸리는 것이죠. 소설가가 일 년에 장편 한 권을 쓴다는 것은 사실 거의 불가능한 일 중의 하나입니다. 그런데 두께 5~600쪽의 책을 백 권을 썼다니!

그렇기 때문에 톨스토이 연구가들도 톨스토이의 책을 전부 읽지 못하는 경우가 있다고 합니다.
흥미 있는 사실은 이렇게 많은 책을 썼지만 그는 글만 쓰고 있지 않았다는 것입니다.
귀족 가문에서 태어난 그는 학교를 세워 영지에 있는 모든 어린이들을 모아서 이야기도 해주고 글쓰기도 가르치기도 했습니다. 그 어린이들 중에는 톨스토이의 손자 손녀들도 있었고 농부들의 아이들도 그리고 농노들의 아이들도 있었습니다. 그는 러시아의 미래는 아이들에게 있다고 생각을 했고 그 아이들이 귀족이든 그렇지 않든 그것은 중요하지 않게 될 거라고 믿고 있었던 것입니다.
그렇게 해서 가르쳤던 농민의 아이들 중에는 실제로 러시아에서 꽤 유명한 시인과 소설가가 나오기도 했습니다.
여러분이 읽게 될 이야기들은 세상의 미래를 짊어지고 갈 어린이들을 위해서 톨스토이가 쓴 글들입니다.
이 책을 통해서 여러분들은 올바른 판단을 할 수 있는 힘과 자연을 사랑하는 따뜻한 마음을 키울 수 있을 것입니다.
톨스토이와 함께 자연의 세계로 여행을 떠나보세요!

2006년 9월
옮긴이

차례

4 옮긴이의 글 — 톨스토이와 함께 떠나는 자연 여행

제 1 부
자연의 세계

---

11 독수리
14 늑대는 어떻게 자기 새끼들을 가르치는가
16 사자와 개
20 토끼
22 회색 토끼
27 첫 비행
30 누에
39 벚나무
42 나무들은 어떻게 움직일까
45 사과나무
48 나이든 포플러나무
51 버드나무
55 나무도 숨을 쉰다
57 천문학자들

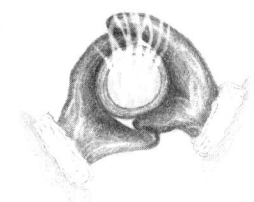

- 61 온기
- 65 태양과 열
- 70 어떻게 어두운 곳에서 볼 수 있을까
- 73 촉각과 시각
- 75 후각
- 79 사람들이 불을 알지 못했을 때 어떻게 불을 얻을 수 있었을까
- 85 습기
- 88 왜 나무들은 추운 날씨에 소리를 내며 갈라질까
- 90 바닷물은 어디로 흘러가는 것일까
- 92 바람은 왜 부는 것일까
- 98 이슬
- 100 결정체
- 105 자석

제 2 부
사람과 동물

- 111 작은 새
- 115 새끼 고양이
- 118 늙은 말
- 123 길들인 참새 '활기찬 새'
- 128 야곱의 개
- 131 다이빙
- 136 여왕벌을 찾아준 소년
- 139 길들인 곰 이야기

- **143** 나는 어떻게 말 타기를 배웠나
- **149** 불까
- **152** 불까와 멧돼지
- **158** 꿩 사냥
- **162** 밀똔과 불까
- **165** 거북이
- **169** 불까와 늑대
- **173** 빠찌고르스끄에서 불까에게 생긴 일
- **179** 불까와 밀똔의 최후
- **183** 사냥꾼의 수기

제 3 부
현명함을 키워주는 동화

- **205** 농부는 거위를 어떻게 나누어 주었나
- **209** 커다란 벽난로
- **212** 세 명의 도둑
- **215** 공평한 유산 분배
- **218** 현명한 재판관
- **226** 형과 아우
- **231** 혼자서 움직이는 방아
- **235** 왕과 농부

제 1 부

자연의 세계

독수리

 독수리 한 마리가 바다에서 멀리 떨어진 큰 나무 위에 둥지를 틀고 새끼를 깠다.

어느 날 나무 근처에서 사람들이 일을 하고 있는데 독수리 한 마리가 커다란 물고기 한 마리를 발톱으로 움켜쥐고 둥지로 날아왔다. 사람들은 물고기를 보자 나무를 에워싸고 큰 소리를 지르며 독수리를 향해 돌을 던지기 시작했다.

독수리가 물고기를 떨어뜨리자 사람들은 그것을 주워서 가지고 가버렸다.

독수리가 둥지 가장자리로 와서 앉자 새끼 독수리들은 머리를 쳐들고 짹짹거리기 시작했다. 새끼들은 먹을 것을 달라고 난리였다.

독수리는 이미 너무 지쳤기 때문에 다시 바다로 나갈 수

가 없었다. 독수리는 둥지로 내려가서 자기 날개로 새끼들을 감싸며 깃털을 매만져주고 쓰다듬어 주었다. 마치 새끼들에게 조금 기다려 달라고 사정이라도 하는 것 같았다. 하지만 어미 독수리가 새끼들을 달랠수록 새끼들은 더욱 크게 짹짹거렸다.

독수리는 새끼들한테서 떨어져 나와 나무의 제일 높은 가지에 올라 앉았다.

새끼 독수리들은 한층 더 애처롭게 울어 댔다.

그러자 독수리는 갑자기 큰 소리로 깍깍거리며 울기 시작하더니 날개를 펼치고 힘겹게 바다를 향해서 날아갔다. 독수리는 한참 뒤 저녁 무렵에야 돌아왔다. 천천히 땅 위를 낮게 날아오는 독수리의 발톱에는 커다란 물고기 한 마리가 다시 잡혀 있었다.
 독수리는 나무를 향해서 가까이 날아오면서 근방에 사람들이 있는지 없는지 둘러보고는 재빨리 날개를 접고 둥지 가장자리에 앉았다.
 새끼 독수리들이 입을 크게 벌리자 독수리는 물고기를 찢어서 자기 새끼들에게 먹여 주었다.

늑대는 어떻게 자기 새끼들을 가르치는가

 길을 따라 걸어가고 있을 때였다. 내 뒤에서 누군가의 고함 소리가 들렸다. 목동이 외치는 소리였다. 그는 들판을 뛰어가면서 어딘가를 손으로 가리키고 있었다.

그 쪽을 쳐다보았을 때 나는 늑대 두 마리가 벌판을 달리고 있는 것을 보았다. 한 마리는 어미 늑대였고 또 다른 한 마리는 어린 늑대였다. 어린 늑대는 물려 죽은 새끼 양 한 마리를 등에 얹고 자기의 이빨로 새끼 양의 다리를 물어 떨어지지 않게 버티면서 달리고 있었다.

나는 늑대들을 발견하고 목동과 함께 늑대들을 뒤쫓아 달리면서 함께 고함을 지르기 시작했다. 우리의 고함 소리를 듣고 농부들이 개를 데리고 달려왔다.

어미 늑대는 개와 사람들을 보자마자 어린 늑대 쪽으로

달려가서 그가 가지고 있던 새끼 양을 잡아채더니 자기 등에다 걸쳤다. 두 마리 늑대는 더 빨리 달릴 수 있었고 금방 시야에서 사라졌다.

목동이 이야기해주었다.

골짜기에서 커다란 늑대 한 마리가 뛰어 올라오더니 새끼 양 한 마리를 덮쳐 물어 죽이고는 끌고 갔다. 그러자 골짜기 뒤에서 어린 늑대가 마중을 나와서 죽은 새끼 양을 물고 자기 등에 얹었다. 어미 늑대는 어린 늑대가 끌고 가도록 새끼 양을 넘겨주고 자신은 아무것도 없이 나란히 달려갔다.

위험이 닥치자 어미 늑대는 가르치는 일을 미루고 직접 새끼 양을 물고 갔던 것이다.

사자와 개

 런던에서 맹수 전시회가 열렸다. 관람료로 돈을 받거나 또는 맹수의 먹이로 사용할 고양이나 개를 돈 대신 받았다.

한 사람이 맹수를 구경하고 싶은 마음에 거리에서 작은 개를 한 마리 붙잡아 동물원으로 끌고 갔다. 그의 관람이 허락되었고, 작은 개는 붙들려서 사자 우리에 먹이로 던져졌다.

작은 개는 꼬리를 말고 우리 한 쪽 구석에 딱 붙어 있었다. 사자는 개에게 다가가서 냄새를 킁킁 맡았다.

작은 개는 등을 대고 드러누워서 앞발을 치켜들고 꼬리를 마구 흔들기 시작했다.

하지만 사자가 한 발로 톡 건드리자 뒤집어졌다.

작은 개는 팔짝 뛰어 오르더니 사자 앞에서 앞발을 든 채

뒷발로만 섰다.

　사자는 개를 쳐다보다가 다른 방향으로 머리를 돌려 버리고는 다시는 개를 건드리지 않았다.

　주인이 사자에게 고기를 던져주러 왔을 때 사자는 고기를 찢어서 개 몫으로 남겨 주기까지 했다.

　저녁에 사자가 잠을 자려고 할 때 작은 개는 사자 곁에 누워서 자기 머리를 사자의 앞발에 올려 놓았다.

　그 날 이후 작은 개는 사자와 같은 우리에서 살았다. 사자는 개를 건드리지도 않았고 먹이를 함께 먹었다. 개와 함께 잠을 자면서 가끔 같이 놀기도 했다.

한번은 어떤 귀족 한 명이 맹수를 관람하러 사자 우리에 왔다가 그 개가 자신의 개라는 것을 알게 되었다. 그는 동물원 주인에게 그 개가 자신에게 매우 소중한 개이므로 돌려달라고 부탁했다. 동물원 주인은 개를 돌려주려고 했지만 우리에서 꺼내기 위해 개를 불러내려고 하자 사자가 털을 곤두세우고 으르렁거리기 시작했다.

사자와 개는 그렇게 같은 우리에서 일 년을 꼬박 함께 지냈다. 일 년 뒤에 개가 병이 나서 숨을 거두었다. 사자는 작은 개의 냄새를 맡으면서 앞발로 툭툭 건드렸다. 하지만 개는 꼼짝도 하지 않았다. 개가 죽었다는 사실을 알게 되자 사자는 갑자기 뛰어오르며 갈기를 곤두세웠다. 사자는 꼬리로 자신의 옆구리를 철썩철썩 때리기 시작했고 사자 우리의 벽에 몸을 마구 부딪치면서 빗장과 우리 바닥 등을 물어뜯기 시작했다.

하루 종일 사자는 몸을 이곳저곳에 부딪치면서 우리 안에서 몸부림치고 울부짖었다. 그러고 나서 사자는 죽은 개 옆에 엎드려서 꼼짝도 하지 않았다. 주인이 죽은 개를 치우려고 했으나 사자는 아무도 죽은 개를 건드리지 못하게 했다.

만약 다른 개를 던져준다면 사자가 자기의 슬픔을 잊을 것이라고 생각한 주인은 사자 우리 안으로 살아있는 개를 한 마리 넣어 주었다. 하지만 사자는 잔인하게 그 개를 물어 죽였다. 사자는 자신의 앞발로 죽은 개를 감싸 안고 그렇게 5일 동안 엎드려 있었다. 6일째 되는 날 사자는 그 자리에서 그대로 숨을 거두었다.

토끼

숲에 사는 토끼들은 밤마다 나무껍질을 먹는다. 들에 사는 토끼들은 가을 파종 작물과 풀을 먹고, 곡식 창고에 숨어사는 토끼들은 곡물 알갱이를 먹는다. 토끼들은 밤사이 눈 위에 선명하고 깊은 발자국을 남긴다. 이 발자국을 보고 사냥꾼들이 토끼의 뒤를 쫓는다. 사냥꾼 중에는 사람들도 있고, 개들도 있고, 늑대와 여우들 또는 까마귀와 독수리들도 있다. 만약 토끼들이 한 방향으로만 뛰어 다닌다면 날이 밝자마자 발자국이 눈에 띄어 곧 잡히고 말 것이다. 하지만 토끼는 아주 겁이 많은 동물이며, 바로 이 소심함이 토끼를 구해준다.

한밤중이 되면 토끼는 겁 없이 들판과 숲을 뛰어다니며 직선으로 발자국을 남긴다. 하지만 토끼의 적들이 깨어나는 아침이 오면 사정이 달라진다. 토끼의 귀에 개들이 짖는 소리나 썰매가 삐걱거리는 소리, 농부들의 목소리, 늑대가 숲 속을 돌아다니는 소리가 들려온다. 토끼는 두려움을 느끼며 이쪽저쪽으로 뛰어다니기 시작한다. 앞으로 껑충껑충 뛰다가 무언가에 깜짝 놀라게 되면 자신의 발자국을 따라 뒤쪽으로 뛰어 간다. 그러다가 또 무슨 소리를 듣게 되면 있는 힘껏 옆으로 뛰어 오르며 먼저 생긴 발자국에서 조금 떨어진 쪽으로 있는 힘껏 달린다. 어디선가 또 쿵쿵 소리가 나면 토끼는 뒤로 돌아서서 이번에는 옆으로 쏜살같이 달려간다. 날이 환하게 밝으면 토끼는 잠자리에 든다.

 아침이 되면 사냥꾼들은 토끼의 발자국을 자세히 살피기 시작한다. 하지만 어지럽게 널려있는 발자국과 멀리 뛴 발자국 때문에 갈피를 잡지 못하고 토끼의 꾀에 놀라게 된다. 그러나 이것은 토끼가 꾀를 부린 것이 아니다. 토끼는 그저 모든 사냥꾼들을 두려워하는 것일 뿐이다.

회색 토끼

겨울이었다. 회색 토끼(회색 토끼는 여름이나 겨울에 털의 색이 변하지 않고 똑같다) 한 마리가 마을 근처에 살았다. 밤이 되면 회색 토끼는 한 쪽 귀를 쫑긋 세우고 주위에서 나는 소리를 들었다. 그 다음에 다른 쪽 귀를 세우고 수염을 가볍게 흔들어 냄새를 맡으며 뒷발로 앉았다. 그리고 나서 눈이 쌓여 있는 땅 위로 몇 번 뛰어 오르더니 다시 뒷발로 앉아 주위를 둘러보았다. 사방 어디를 둘러보아도 눈 이외에는 아무 것도 보이지 않았다. 눈은 마치 물결처럼 쌓여 있었고, 설탕처럼 반짝였다. 토끼의 머리 위로는 추운 날씨로 인해 김이 모락모락 피어올랐고, 그 사이로 반짝반짝 빛나는 별들이 보였다.

토끼는 자신이 알고 있는 곡식 창고로 가기 위해 큰 길을 건너야만 했다. 큰 길에서는 썰매의 나무가 삐걱거리는 소

리도 들리고, 말들이 거세게 콧김을 뿜어내는 소리도 들렸다. 무거운 짐을 실은 썰매의 뒷부분이 덜그럭거리는 소리도 들려왔다.

토끼는 길옆에서 멈춰 섰다. 농부들이 긴 외투의 깃을 세우고 썰매 옆을 지나가고 있었다. 외투 깃 때문에 농부들의 얼굴은 겨우 보일락말락 했다. 턱과 코밑의 수염이나 속눈썹이 모두 하얘져 있었다. 농부들의 코와 입에서는 하얀 김이 나왔다. 말들은 땀으로 흠뻑 젖었는데, 땀이 얼어서 몸에 고드름이 매달려 있었다. 말들은 멍에에 매인 채 서로 부딪히면서 도랑에 빠졌다가 얼른 다시 나오고는 했다. 농부들은 앞서거니 뒤서거니 하며 나란히 말을 몰면서 채찍으로 말들을 때렸다. 두 노인이 나란히 달리면서 한 노인이 다른 노인에게 자신의 말을 도둑맞은 이야기를 해주고 있었다.

짐마차 행렬이 지나가자 토끼는 껑충 뛰어 길을 건너 있는 힘껏 곡식 창고를 향해 달렸다. 그때 행렬에 섞여 있던 강아지가 토끼를 보았다. 강아지는 큰 소리로 짖으며 토끼를 향해 달려왔다. 토끼는 눈구덩이를 따라 곡식 창고 쪽으로 쏜살같이 달려갔다. 토끼는 계속해서 눈구덩이 속으로 뛰었지만 강아지는 열 걸음 정도 뛰고 나서는 눈 속에 빠져

꼼짝도 못하고 멈추고 말았다. 그러자 토끼는 뛰던 것을 멈추고 잠시 뒷발로 앉아 있다가 조심조심 창고로 다가갔다. 가는 길에 회색 토끼는 겨울 보리의 싹이 자라고 있는 들판에서 두 마리의 토끼를 만나게 되었다. 세 토끼는 먹이를 먹으며 함께 놀았다. 회색 토끼는 잠시 친구들과 어울려 꽁꽁 얼어붙은 눈 속을 파고 싹을 틔운 작물을 먹은 후에 계속해서 갈 길을 갔다. 시골 마을은 주위가 너무나 조용했고, 불도 꺼져 있었다. 거리에는 아기가 우는 소리와 시골집을 받치고 있는 통나무들이 혹한으로 인해 갈라지는 소리만이 들리고 있었다. 회색 토끼가 곡식창고에 도착해보니 그곳에는 친구들이 와 있었다. 회색 토끼는 깨끗하게 청소가 되어 있는 탈곡장에서 놀다가 입구에 있는 작은 봉에서 귀리를 조금 먹었다. 그 다음에는 눈이 잔뜩 쌓여 있는 지붕을 따라 곡물 건조장으로 간 다음 다시 울타리를 지나 자신이 사는 골짜기로 향했다. 동쪽에서는 새벽 노을이 빛을 내뿜고, 별들은 크기가 작아졌다. 수증기가 아까보다 더 짙게 대지 위로 올라가고 있었다. 가까운 마을에서는 아낙네들이 잠에서 깨어나 물을 뜨러 가고 있었다. 농부들은 창고에서 사료를 꺼내고, 아이들은 시끄럽게 떠들기도 하고, 울기도 했다. 길에는 짐마차 행렬이 더 많아졌고, 농부들은 큰 소리로 이야기를 주고받았다.

  회색 토끼는 길을 가로질러 자신이 사는 굴에 도착했다. 전보다 더 높은 장소를 골라 눈을 파내고 새로운 보금자리에 엎드렸다. 회색 토끼는 두 귀를 등 위에 가지런히 올려놓고, 눈을 뜬 채 잠이 들었다.

첫 비행

백조들이 떼를 지어 추운 지방에서 따뜻한 지방으로 바다를 건너서 날아가고 있었다. 백조들은 밤낮으로 날았고, 다음 날 그리고 그 다음 날도 쉬지 않고 물 위를 날았다. 하늘에는 보름달이 떠 있었기 때문에 백조들은 저 멀리 아래에서 푸르게 빛나는 바다를 볼 수 있었다. 날개를 치느라 모두들 지칠 대로 지쳤다. 하지만 백조들은 쉬지 않고 앞으로 날아갔다. 앞에서는 나이가 많고 힘이 센 백조들이 날고, 어리고 약한 백조들은 뒤에서 날았다.

어린 백조 한 마리가 가장 뒤에서 날아가고 있었다. 어린 백조는 이제 더 이상 날아갈 힘이 없었다. 그러자 어린 백조는 날개를 펴고 아래로 내려갔다. 어린 백조는 바다 가까이로 점점 더 내려갔고, 친구들은 점점 더 멀어지며 달빛에 비

처 하얗게 보였다. 어린 백조는 물 위로 내려 앉아 날개를 접었다. 바닷물은 파도에 넘실거리며 백조의 몸을 이리저리 흔들었다. 백조의 무리는 이제 달빛으로 물든 하늘 위에서 겨우 보일락 말락 희미해졌다. 백조들의 날개가 퍼덕이는 소리만 고요함 속에서 희미하게 들려왔다. 친구들이 시야에서 완전히 사라지게 되자 혼자 남은 어린 백조는 목을 뒤로 젖히고 눈을 감았다. 그리고 백조는 꼼짝도 하지 않았다. 바닷물만이 넓은 띠를 이루며 올라갔다 내려왔다 하면서 백조를 높이 들었다가 다시 내려놓기를 반복했다.

동이 틀 무렵의 가벼운 바람에 바닷물이 일렁이며 백조의 하얀 가슴을 철썩 때렸다. 백조는 눈을 떴다. 동쪽에는 노을이 붉게 물들어 달과 별들은 더욱 더 창백해져 있었다. 백조는 깊은 숨을 한 번 쉬더니 목을 길게 늘이고는 날개 짓을 하면서 몸을 약간 일으킨 후 물 표면을 박차고 날아올랐다. 백조는 점점 더 높이 날아올랐다. 그리고는 신비롭게 흔들리는 파도 위를 홀로 날아갔다.

누에

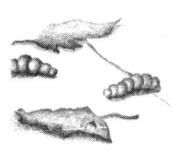
우리 집 정원에는 오래 된 뽕나무들이 있다. 오래 전에 할아버지께서 심어 놓으신 것이다. 어느 해 가을에 어른들이 내게 4그램 정도의 누에알을 주면서 누에를 길러서 명주실을 만들어보라고 했다. 누에알은 진한 회색이었는데, 4그램 속의 알의 개수가 무려 5,835개나 되었다.

누에알은 가장 작은 바늘 귀보다도 더 작았다. 그것들은 죽은 것처럼 꼼짝 않고 있지만 손으로 짓누르려고 하면 탁탁 소리를 내며 튕겨나갔다.

나는 그 조그만 알들을 책상 위에 올려놓고 한 동안 까맣게 잊고 있었다.

그런데 봄이 되어 정원에 나가보니 뽕나무에서 싹이 나와 햇볕을 많이 받은 가지에서는 벌써 잎이 나 있었다.

나는 문득 집에 누에알이 있다는 것을 기억해냈다. 집으로 돌아가서 알을 꺼내어 평평한 곳에 널찍하게 펼쳐 놓았다. 대부분의 누에알은 이미 전처럼 진한 회색이 아니었다. 어떤 것은 연한 회색으로 변해 있었고, 또 어떤 것은 우유빛보다도 더 하얗게 변해 있었다.

다음날 아침 일찍 일어나서 누에알을 보니 어떤 알에서는 벌써 조그만 누에의 유충이 기어 나왔다. 다른 알들도 크게 부풀어 올라 금방이라도 터질 것 같았다. 아마도 이 알들은 껍질 속에서 시간이 되었다는 것을 느끼는 모양이었다.

누에의 유충은 검고 거칠거칠했으며 아주 작아서 구별하기가 어려웠다. 돋보기로 유충을 들여다보니 유충들은 알 속에서 따리를 틀고 있다가 알을 깨고 나오면 즉시 몸을 곧게 폈다. 나는 정원으로 가서 뽕잎을 한 움큼 따서 유충들에게 먹이로 줄 생각으로 탁자 위에 놓고 정리를 하고 있었다. 어른들께서 그렇게 가르쳐주신 적이 있었다.

내가 종이를 준비하는 동안 유충들은 책상에 먹이가 있다는 것을 느끼고 먹이를 향해 기어갔다. 나는 먹이를 옮겨 놓고 유충을 그쪽으로 손짓하여 불렀다. 유충들은 개가 고기를 따라가듯 연필과 가위와 종이를 지나 책상에 놓인 뽕잎을 향해 기어갔다. 나는 종이 여러 장을 잘라서 작은 칼로 구멍을 뚫고 종이 위에 뽕잎을 놓았다. 그리고 뽕잎이 든 종이를 유충 위에 올려놓았다. 유충들은 구멍을 통과하여 뽕잎에 달라붙더니 바로 먹기 시작했다.

 먹이가 떨어질 때쯤 나는 유충들 위에 다시 뽕잎이 든 종이를 올려놓았다 유충들은 다시 종이에 뚫린 구멍을 통과하여 뽕잎을 열심히 먹었다. 유충들은 종이 위의 뽕잎에 한꺼번에 덤벼들어 뽕잎을 끝에서부터 갉아 먹었다. 뽕잎을 다 먹고 나자 유충들은 종이 위를 기어 다니면서 새로운 먹이를 찾았다. 내가 유충들 위에 다시 새 종이를 깔고 그 위에 뽕잎을 올려놓자 유충들은 새 먹이를 향해 기어왔다.

 유충들은 내 방 선반에 놓여 있었다. 더 이상 먹을 뽕잎이 없자 유충들은 선반 끝까지 기어갔지만, 눈이 전혀 보이지 않음에도 불구하고 아래로 떨어지지는 않았다. 유충 중에서 한 마리가 선반 끝으로 기어가더니 밑으로 내려가기 전에 입에서 가는 줄을 뽑아내어 선반 끝에 붙여 놓고 아래로 기어가 매달려 있다가 주변을 살폈다. 그 놈은 아래로 기어가고 싶으면 기어가고, 되돌아가고 싶으면 다시 가는 줄을 따라 되돌아가곤 했다.

 유충들은 밤낮으로 먹어댔기 때문에 뽕잎을 더 많이 구해야만 했다. 신선한 뽕잎을 갖다 주면 유충들은 그쪽으로 기

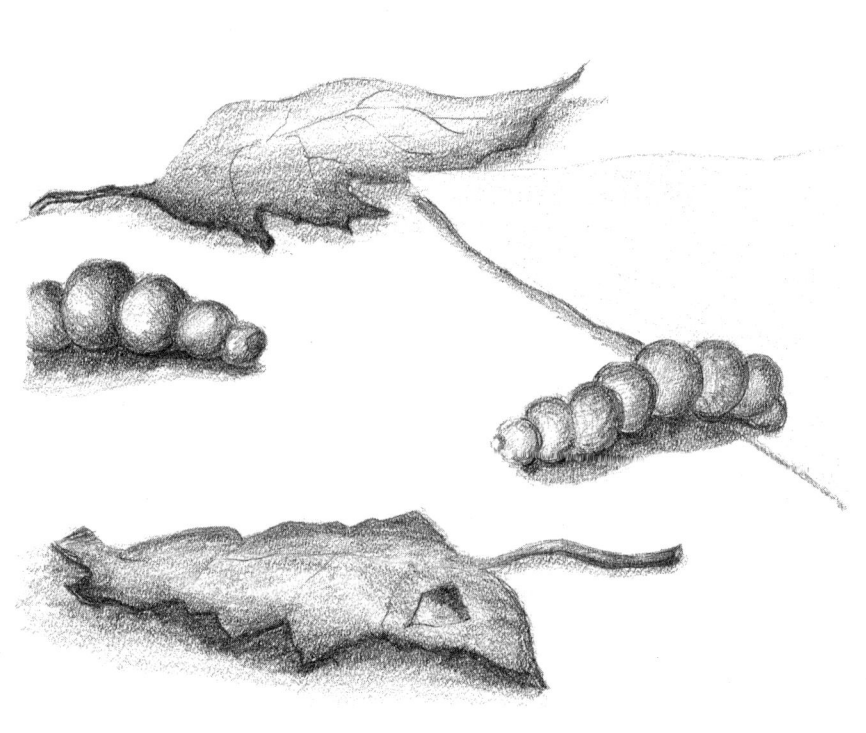

어가서 마치 소나기가 퍼붓는 것처럼 요란한 소리를 냈다. 그것은 바로 유충들이 신선한 뽕잎을 갉아먹는 소리였다.

이 어린 벌레들은 맨 처음의 껍질 속에서 5일을 산다고 한다. 이때쯤이면 누에들은 아주 커져서 맨 처음보다 열 배는 더 먹게 된다. 5일째 되는 날에는 누에들이 잠을 자게 된다는 것을 알고 있었기에 나는 그것들이 잠들기만을 기다렸다. 정확히 5일째 되는 날 저녁에 가장 많이 자란 누에 한 마리가 종이에 착 달라붙더니 더 이상 먹지도 않고 움직이지도 않았다.

다음날 낮과 밤 내내 나는 이 누에만을 지켜보고 있었다. 누에가 많이 자라서 이전의 껍질이 답답해지면 여러 차례에 걸쳐 허물을 벗고 새 껍질로 갈아입는다는 걸 알고 있었기 때문이다.

나와 친구들은 교대로 누에를 지켜보았다. 저녁 무렵에 친구가 소리쳤다.

"이리 와봐, 누에가 껍질을 벗기 시작했어!"

나는 친구가 부르는 곳으로 달려가 눈을 크게 뜨고 바라보았다. 누에는 낡은 껍질로 종이에 찰싹 달라붙어서는 입 주변에 구멍을 내고 머리를 쑥 내밀고 간신히 몸을 둘둘 감아서 낡은 껍질에서 빠져 나오려고 했다. 하지만 낡은 껍질이 좀처럼 누에를 놓아주지 않았다. 누에가 있는 힘을 다하고 있는데도 낡은 껍질에서 빠져 나오지 못하는 모습을 한참 동안 바라보면서 나는 누에를 도와주고 싶은 마음이 들었다.

나는 손톱으로 낡은 껍질을 살짝 긁었다. 그러나 내가 어리석은 짓을 했음을 금방 알게 되었다. 손톱 밑에 액체 같은 것이 묻어나더니 누에가 그만 죽어버린 것이다. 나는 이것이 누에의 피라고 생각했지만, 나중에 알고 보니 누에의 껍질 밑에는 누에가 옷을 부드럽게 벗을 수 있도록 도와주는 끈끈한 액체가 있었다. 아마도 내가 낡은 껍질에서 기어 나온 누에의 새 옷을 손톱으로 망가뜨려서 누에가 죽게 된 모양이었다.

그래서 나는 다른 누에들은 건드리지 않았다. 누에들은 모두 낡은 옷을 벗어 던졌다. 하지만 몇 마리는 이 과정에서 죽었다. 누에들은 비록 오랫동안 고통스러워했지만 대부분 낡은 옷을 벗고 바깥으로 기어 나왔다.

옷을 갈아입은 누에들이 더욱 왕성하게 먹기 시작했기 때문에 더 많은 뽕잎이 필요했다. 4일이 지나자 누에들은 다시 잠이 들었고, 또 한 번 껍질을 벗고 기어 나왔다. 뽕잎을 더 많이 먹어 치운 누에들은 이미 몸길이가 5밀리미터가 넘었다. 그 후 6일이 지나자 누에들은 다시 잠이 들었고, 낡은 껍질을 벗고 새 옷으로 갈아입었다. 이제 누에들의 몸집은 엄청나게 비대해졌다. 뽕잎을 대주기에도 바빴다.

 다시 9일이 지나자 누에들은 더 이상 먹지 않고 선반과 기둥을 따라 위로 기어 올라갔다. 내가 누에들을 손으로 집어서 신선한 뽕잎이 있는 곳으로 옮겨 놓았지만 누에들은 먹이에 관심을 보이지 않았다. 나는 누에가 번데기가 되려고 할 때는 아무 것도 먹지 않고 위쪽으로 올라간다는 것을 알게 되었다.

 나는 누에들을 내버려두고 가만히 관찰만 했다.

 가장 오래된 누에들은 천장으로 기어 올라가더니 제각기 흩어져서 기어 다니다가 실을 몇 가닥 만들어 내서 그곳에 매달렸다. 나는 한 마리의 누에를 집중적으로 지켜보았다. 그 놈은 모퉁이로 가서 사방으로 여섯 가닥의 실을 치더니, 거기에 매달려서 말편자처럼 몸을 구부리고 비단실을 뽑아 내어 자신의 몸 주변을 두껍게 감쌌다. 저녁 무렵에 누에는 마치 안개 속에 가려진 것처럼 자신이 뽑아 낸 비단실 속에 갇혀 잘 보이지 않았다. 다음날 아침이 되자 누에는 비단실 안으로 완전히 숨어 버렸다. 누에는 자신의 몸을 비단실로 계속해서 칭칭 감고 있었다.

 사흘이 지나자 누에는 자기 몸을 비단실로 감는 일을 멈추고 꼼짝도 하지 않았다.

그 후에 나는 누에 한 마리가 사흘 동안 얼마만큼의 비단실을 뽑아냈는지 알게 되었다. 누에가 사흘 동안 뽑아 낸 비단실을 모두 풀어 놓으면 그 길이는 1킬로미터가 넘는다. 그보다 적은 경우는 드물다고 한다. 누에가 이 만큼의 비단실을 뽑아내기 위해 몇 번이나 머리를 돌려야만 하는지 계산해 보니, 사흘 동안 머리를 30만 번이나 돌려야 했다. 쉬지 않고 1초마다 머리를 한 번씩 돌려야만 하는 것이다. 누에가 실을 짜는 과정을 관찰하고 나서 우리가 몇 개의 누에고치를 떼어내 깨뜨려보니 그 안에는 바싹 마르고 하얀, 마치 밀랍 같은 번데기가 들어 있었다.

나는 이 밀랍 같이 하얀 번데기에서 나방이 태어난다는 것을 알고 있기는 했지만 실제로 번데기를 보니 그 사실이 믿어지지 않았다. 그래도 어쨌든 나는 내가 남겨 놓은 번데기에서 20일째 되는 날 어떤 일이 일어나는지를 지켜보기로 했다.

나는 20일째 되는 날에 번데기에게서 반드시 변화가 일어난다는 사실을 알고 있었다. 처음에는 아무것도 보이지 않았다. 그래서 뭔가 잘못된 것이 아닐까 생각하고 있는데 불현듯 누에고치의 한 쪽 끝이 까매지면서 축축하게 젖는 것이 보였다. 그 순간 내가 어떤 잘못을 저질렀다는 생각이 들면서 번데기를 집어 던지고 싶은 마음이 들었다. 하지만 그렇게 변화가 시작되는 것이 아닐까 하는 생각이 들어서 계속 지켜보기로 했다. 바로 그때였다. 누에고치의 축축한 부분에서 뭔가가 움직인 것이다. 나는 그것이 무엇인지 한참 동안 이해할 수 없었다. 잠시 후 더듬이를 가진 머리 같은 것이 보였다. 더듬이가 움직였다. 잠시 후에는 작은 다리 하나가 구멍 사이로 빠져 나오는 것이 보였고, 또 조금 뒤에는 다른 쪽 다리가 빠져 나왔다. 몇 개의 다리가 매달린 채 간신히 번데기로부터 빠져 나왔다. 그 후에도 뭔가가 계속해서 빠져 나오고 나서야 나는 그것이 축축한 나방이라는 것을 알았다. 여섯 개의 다리가 모두 빠져 나오고 몸의 뒷부분이 솟구쳐 나오자 마침내 나방이 기어 나오더니 그 자리에 앉았다. 몸이 바싹 마른 나방은 온통 흰색으로 변해있었다. 나방은 날개를 펴고 빙빙 돌며 날다가 유리창에 앉았다.

이틀 후에 나방은 줄을 지어 알을 낳아서 창턱에 붙여 놓았다. 알은 노란색이었다. 스물다섯 마리의 나방이 알을 낳았다. 나는 새롭게 오천 개의 알을 모을 수 있었다.

내년에는 더 많은 누에를 길러서 비단실을 많이 얻을 것이다.

벚나무

개암나무가 길게 서 있는 곳 한 가운데에 벚나무 한 그루가 자라면서 개암나무의 성장을 방해했다. 나는 이 벚나무를 베어버릴지 아니면 그냥 놓아둘지 오랫동안 생각했다. 한편으로는 아깝다는 생각이 들었기 때문이다. 벚나무는 관목이 아니라 수목이어서 나무줄기의 두께가 15센티미터, 그 키는 6미터에 달했다. 가지들을 많이 쳤으며 그것들은 모두 꾸불꾸불하였고 선명하고 하얀 색의 꽃들이 피어 있었다. 꽃향기는 멀리서도 느껴졌다. 이 모습을 진작 보았다면 나는 아마도 그 나무를 베지 않았을 것이다. 그런데 얼마 전에 나는 한 일꾼에게 벚나무들을 모두 베어버리라고 이야기했고, 그 일꾼은 내게 다시 묻지 않고 그 벚나무를 이미 베기 시작했다. 내가 도착했을 때 일꾼은 나무줄기에 도끼질을 해서 이미

7센티미터 정도를 파고 들어간 상태였다. 그리고 도끼날이 다시 한번 정확하게 나무를 치자 벚나무에서 나무 진액이 도끼로 흘러 내렸다. '어쩔 수 없지. 분명 이건 운명이야.' 나는 이렇게 생각하고 도끼를 집어 들고 일꾼과 함께 벚나무를 도끼로 찍기 시작했다.

 일이란 것은 항상 즐겁다. 우리는 즐겁게 나무를 베었다. 우리는 즐거운 마음으로 비스듬하게 날을 세워 나무에 깊게 도끼날을 박아 넣었다. 그리고 바로 그 곳을 다시 도끼로 찍었다. 우리는 계속해서 점점 깊게 나무를 도끼로 찍었다.

 나는 바로 얼마 전까지 내가 벚나무를 베어버린다는 것이 아깝다는 생각을 했다는 것을 까맣게 잊고 있었다. 내 생각은 오직 하나 '어떻게 하면 좀 더 빨리 이 나무를 쓰러뜨릴 수 있을까' 였다. 나는 숨이 가빠졌다. 도끼를 내려놓고 일꾼과 함께 벚나무를 밀어서 넘어뜨리려고 애를 썼다. 우리는 나무를 흔들었다. 나무의 잎들이 흔들렸고 나뭇잎에 맺혀 있던 이슬이 방울방울 떨어져 내렸고 향기로운 하얀 꽃잎들이 눈처럼 날렸다.

 그때 뭔가 날카로운 소리가 들렸다. 나무가 쩍하고 갈라지는 소리였다. 우리는 힘껏 밀었다. 그러자 울음을 터뜨리기라도 하는 것처럼 외마디 소리를 내며 나무가 부러지기 시작했다. 이윽고 나무는 쓰러졌다. 나무는 베어진 자리에서 두 토막으로 나뉘었다. 나뭇가지와 꽃들이 풀밭 위로 가볍게 흔들리면서 쓰러졌다. 나뭇가지와 꽃들은 떨어져 내린 후 잠시 몸을 떨다가 멈추었다.

"아아! 훌륭한 나무였는데!" 농군이 말했다. "너무 아까운걸!"

나는 갑자기 마음이 너무 아파서 급히 그 자리에서 물러나와 다른 일꾼들에게로 갔다.

나무들은 어떻게 움직일까

   하루는 연못가 작은 언덕으로 나있는 오솔
길을 깨끗이 정리한 적이 있었다. 어린 들장
미, 버드나무, 포플러나무들을 많이 잘라 내
었다. 그리고 벚나무 하나를 자르려고 하였다. 그런데 벚나
무는 이미 10년 이상 된 나무 같았고 나무줄기도 굵어 보여
서 그 길 위에서 상당히 오랫동안 살아 왔던 것 같았다. 하
지만 나는 5년 전에도 한번 이 정원을 깨끗이 정리한 적이
있었다는 것을 알고 있었다.
 어떻게 이곳에 이렇게 나이든 벚나무가 서있는지 도무지
이해할 수가 없었다. 어쨌든 우리는 벚나무를 베어내고 앞
으로 나아갔다. 앞으로 갈수록 다른 나무들보다 벚나무가
더 자주 나타났다. 게다가 가면 갈수록 한층 더 굵어지는 게
아닌가! 나는 나무의 뿌리를 살펴보고 벚나무가 보리수나무

근처에서 자라났다는 사실을 알게 되었다.

　보리수가 가지를 뻗어 벚나무의 성장을 가로막자 벚나무는 약 4미터 정도 땅을 타고 나무줄기를 뻗다가 햇빛이 있는 곳으로 나왔을 때 다시 위로 자라서 꽃을 피웠던 것이다. 나는 그 벚나무의 뿌리를 베면서 나무는 이렇게 싱싱한데 뿌리는 다 썩어 있었다는 것에 놀라지 않을 수 없었다. 벚나무의 썩은 뿌리를 끊은 후 일꾼과 함께 나무를 옮기려고 했다.　하지만 아무리 힘을 써도 벚나무는 꼼짝하지 않았다. 마치 본드로 붙여놓은 것 같았다.

　내가 말했다.

"혹시 어디 걸려있지 않은지 한 번 살펴보게"

일꾼은 벚나무 아래쪽을 살펴보더니 외쳤다.

"여기 뿌리가 또 있습니다. 길 위를 한번 보세요!"

나는 그에게 다가가서 그 말이 사실임을 알았다.

벚나무는 보리수의 방해를 피해서 원래의 뿌리에서 약 2미터 정도 길 쪽으로 옮겨 갔던 것이다. 내가 잘라버린 그 뿌리는 이미 쓸모가 없는 뿌리여서 썩어 있었던 것이다. 하지만 이 뿌리는 아주 싱싱했다. 벚나무는 보리수 근처에서는 살 수가 없다는 것을 알고 땅에 달라붙어서 나무줄기를 뻗었는데 그 나무줄기에서 뿌리가 자랐던 것이다. 그때서야 나는 길 위에 있었던 그 벚나무가 어떻게 그곳에 있게 되었는지 이해할 수 있었다. 그 벚나무도 마찬가지로 움직였던 것이고 우리가 발견 했을 때는 이미 옛날 뿌리를 완전히 버리는 데 성공했던 것이다. 그래서 내가 그 옛날 뿌리를 찾을 수 없었던 것이다.

사과나무

 나는 이백 그루의 어린 사과나무를 심고 3년 동안 봄과 가을에 사과나무 주변의 흙을 북돋아 주었고 겨울에는 토끼들이 갉아먹지 못하도록 사과나무 밑동을 짚으로 감아 놓았다.

4년째 되는 해였다. 겨울이 끝나가면서 눈을 흩뿌리고 있었다. 사과나무를 보러 갔다. 사과나무는 겨울 동안에도 튼튼하게 잘 자라 주었다. 나무의 껍질은 윤기가 흐르고 탄탄했으며, 가지도 모두 무사했다. 나뭇가지 끝과 가지가 갈라진 곳에서는 완두콩같이 작고 둥근 꽃봉오리가 움트고 있었다. 군데군데 활짝 피어 있는 꽃봉오리들도 있었으며 꽃잎 끄트머리가 빨갛게 변한 것들도 있었다.

나는 이 꽃봉오리들이 모두 꽃이 되고 그리고 사과가 된다는 걸 알고 있었기에 사과나무를 바라보며 마냥 기뻐했다. 그런데 맨 처음 짚을 푼 사과나무의 밑동부분에 하얀 고리처럼 둥글게 나무껍질이 벗겨져 있었다. 쥐들이 갉아먹은 것이다. 다른 사과나무를 감싼 짚을 벗겨 보니 역시 마찬가지였다. 이백 그루의 사과나무 중에서 성한 것은 하나도 없었다.

 쥐가 갉아먹은 곳을 타르와 밀랍으로 메웠지만 사과나무들이 꽃봉오리를 피우자마자 꽃들은 우수수 떨어져 내렸다. 조그마한 잎사귀들이 나오기는 했지만 그나마도 금방 시들어 버렸다. 사과나무 껍질은 쭈글쭈글하고 거뭇거뭇해졌다. 이백 그루의 사과나무 중에서 고작 아홉 그루만이 살아남았다. 이들 아홉 그루는 쥐들이 갉아 먹은 것이 완전한 고리를 만들지 못하였고 나무껍질들이 희미하게나마 위와 아래로 연결되어 있었던 것들이었다. 껍질이 군데군데 남아 있는 곳에서는 옹이가 생겨났고, 비록 병들었지만 사과나무는 조금씩 자라주었다. 나머지 사과나무는 모두 죽었고, 쥐들이 갉아먹은 곳 아래 나무 밑동에서 작고 볼품없는 새 가지가 돋아났다.

 나무의 껍질은 사람의 혈관과 같다. 사람의 피가 혈관을 따라 흐르듯이 나무의 수액은 껍질을 따라 흘러 가지와 잎과 꽃으로 올라간다. 늙은 버드나무의 가지처럼 나무의 속을 모두 도려내더라도 껍질만 살아있다면 나무는 죽지 않고 살게 된다. 그러나 껍질이 죽으면 나무도 죽게 된다. 사람에게서 혈관을 잘라 내면 피가 밖으로 흘러나오고, 그렇게 되면 몸에 피가 전달되지 않기 때문에 죽게 되듯이 말이다.

  자작나무의 수액을 빨아먹기 위해 나무에 작은 구멍을 내면 수액이 밖으로 흘러나와 결국 자작나무도 말라 죽게 된다. 사과나무가 죽은 것도 쥐들이 껍질을 동그랗게 갉아먹어서 뿌리에서부터 가지와 잎 그리고 꽃으로 수액이 흘러가지 못했기 때문이다.

나이든 포플러나무

5년 동안 정원을 돌보지 않아 우리 집은 엉망이 되었다. 나는 일꾼들을 고용해서 그들과 함께 도끼와 삽을 들고 정원을 손질하기 시작했다.

우리는 말라비틀어진 나무나 삭정이, 쓸데없는 관목과 수목들을 베어내기도 하고 가지를 치기도 했다. 무엇보다 포플러나무와 벚나무가 무성하게 자라서 다른 나무들이 자라는 것을 방해하고 있었다.

보통 포플러나무는 땅 속 깊이 뿌리를 박고 있어서 뽑아낸다는 것은 거의 불가능한 일이다. 그래서 땅 속의 뿌리를 잘라내야만 한다.

정원의 연못 뒤쪽에는 두 아름이나 되는 커다란 포플러나무가 서 있었다. 이 포플러나무 주위에는 자그마한 빈터가 있었는데, 이 빈터는 어린 포플러 나무들로 뒤덮여 있었다. 나는 일꾼들에게 어린 포플러 나무들을 모두 베어 버리라고 지시했다. 이 빈터를 피크닉 장소로 만들고 싶기도 했지만 무엇보다 늙은 포플러를 편하게 해주고 싶은 마음이 들었기 때문이다. 나이든 포플러 나무에서 뻗어 나온 어린 포플러 나무들이 나이든 포플러 나무의 수액을 빨아먹고 있다고 생각했기 때문이다.

일꾼들과 함께 어린 포플러 나무들을 베어 내면서 잘리어진 뿌리를 보게 될 때마다 마음이 아팠다. 베어 낸 어린 나무를 잡아 뽑으려고 넷이서 힘을 합쳐보기도 했지만 뽑을 수가 없었을 때도 있었다. 어린 포플러 나무는 살아남기 위해 있는 힘을 다해 버티고 있었던 것이다. '저 어린 나무가 살려고 이렇게 강하게 버티는데 살려둘 걸 그랬나.'라는 생각이 들기도 했다. 그러나 어린 포플러 나무를 베어 내지 않으면 안된다고 생각을 했기 때문에 후회하지 않았다. 하지만 얼마 후 나는 이 어린 포플러 나무들을 죽이지 말았어야 했다는 것을 알게 되었다.

나는 어린 포플러나무가 늙은 포플러 나무의 수액을 빨아먹는다고 생각했는데, 사실은 그 반대였다. 내가 어린 포플러나무를 베었을 때 늙은 포플러나무는 이미 죽어가고 있었다. 늙은 포플러나무에서 새싹이 돋고 있었지만 나뭇가지들은 말라서 이미 둘로 갈라져 있었다. 어떤 나뭇가지에는 나뭇잎이 하나도 나지 않기도 했다. 그 해 여름에 늙은 포플러 나무는 결국 말라 죽었다. 사실 늙은 포플러 나무는 이미 오래 전부터 죽어가고 있었다. 늙은 포플러나무는 그것을 알고 자신의 생명을, 마지막 남은 힘을 어린 포플러나무에게 전해주었다. 어린 포플러나무가 아주 빨리 성장한 것은 그 때문이었다.

그런데 나는 늙은 포플러 나무를 편하게 해주겠다고 나무의 아기들을 모두 죽여 버렸다.

버드나무

봄의 시작을 알리는 부활절 날 농부는 그 동안 얼어붙었던 밭이 녹았는지 살펴보려고 나왔다. 농부는 채소밭으로 나가서 뾰족한 막대기로 땅을 헤쳐 보았다. 흙이 끈기가 없고 푸석푸석하였다. 농부는 숲으로 가보았다. 숲에 있는 버드나무 가지들은 벌써 새싹을 틔우고 있었다.

농부는 그 모습을 보며 생각했다.

"채소밭 주위에 버드나무를 심어야겠다. 버드나무가 자라면 바람을 막아주는 튼튼한 보호막이 될 거야!"

농부는 도끼를 가져다가 작은 버드나무 열 그루를 베어낸 후에 굵은 밑동을 말뚝모양으로 다듬어 땅에 박았다.

버드나무들은 하늘을 향해 잎이 달린 어린 가지들을 내뻗었고, 땅 밑으로도 뿌리와 함께 어린 가지들을 내뻗었다.

어떤 것들은 땅에 뿌리를 내리고 싹을 틔웠지만, 어떤 것들은 제대로 뿌리를 내리지 못하고 쓰러지거나 얼어 죽어 버렸다.

　가을이 되자 농부는 자신이 심은 나무들을 보고 기뻐했다. 나무 여섯 그루가 뿌리를 내렸던 것이다. 이듬해 봄에 양들이 네 그루의 나무를 갉아먹는 바람에 두 그루 밖에 남지 않게 되었다. 또 그 다음 해 봄에는 그것마저 양들이 갉아먹었다. 하나는 완전히 망가졌지만, 다른 하나는 살아나서 뿌리를 내리더니 왕성하게 자라 제법 나무 모양을 갖추었다. 해마다 봄이 오면 벌들이 날아와 버드나무 가지 위에서 윙윙거렸다. 벌들이 무리를 짓는 계절에는 버드나무가 벌 떼로 가득했다. 농부는 벌들이 남긴 꿀을 긁어모으기도 했다. 농부 부부는 버드나무 밑에서 아침을 먹기도 하고, 잠을 자기도 했다. 아이들은 나무 위로 기어 올라가 버들가지들을 꺾곤 했다.

　그 버드나무를 심은 농부는 이미 오래 전에 죽었지만 나무는 여전히 잘 자라고 있다. 그의 큰 아들이 그 버드나무에서 두 번이나 큰 가지를 꺾어 그것으로 불을 지폈다. 그래도 버드나무는 잘 자랐다. 사람들이 도끼로 가지를 잘라내 마디가 생겨도 봄이면 다시 그 자리에서 가지가 자랐다. 새로 나온 가지는 이전 것보다 가늘기는 했지만, 전보다 두 배는 더 길게 자라서 마치 망아지의 곱슬곱슬한 갈기 같았다.

큰 아들이 버드나무를 돌보지 않고 마을을 떠난 후에도 나무는 아무것도 없는 벌판에서 여전히 잘 자랐다. 다른 마을의 농부들이 오가며 가지를 베어도 아랑곳하지 않고 잘 자랐다. 천둥 번개가 내리쳐 곁가지들이 해를 입어도 이내 회복되어 잘 자라고 꽃을 피웠다. 한 번은 어떤 농부가 버드나무를 베어다 구유 통으로 쓰려고 하다가 그만 포기하고 말았다. 나무가 너무 심하게 썩어 있었던 것이다. 버드나무는 옆으로 쓰러진 채 한쪽으로만 지탱하고 있었다. 그러면서도 계속해서 자랐고, 해마다 벌들이 날아와 버드나무 꽃에서 꿀을 거두어갔다.

이른 봄이었다. 아이들이 버드나무 밑에 앉아서 말들을 지키고 있었다. 잠시 후 추위를 느낀 아이들은 불을 피우려고 밭에 남아있는 농작물의 그루터기와 쑥, 마른 나뭇가지 등을 모았다. 한 아이는 버드나무 위로 기어 올라가 큰 가지들을 꺾었다. 아이들은 모아온 것들을 모두 버드나무 몸통에 있는 구멍 속에 넣고 불을 피웠다.

버드나무는 타닥 소리를 내며 타기 시작했다. 수액이 부글부글 끓으며 연기가 솟아오르더니 불길이 이리저리 번졌다. 나무의 몸속이 온통 새까매졌다. 어린 가지들은 쭈글쭈글해졌고, 꽃들은 시들었다.

　아이들은 말을 몰고 집으로 돌아갔다. 불에 탄 버드나무는 벌판 위에 홀로 남겨졌다.

　까마귀 한 마리가 날아와 버드나무 위에 앉아 외쳤다.

　"이 늙은 할망구야, 이제야 죽었구나. 벌써 오래 전에 죽었어야 했는데 말이야!"

나무도 숨을 쉰다

 아기가 병이 났다. 맥박이 빨라지고 몸부림을 치며 괴로워하더니 갑자기 조용해졌다. 엄마는 아기가 잠들었다고 생각하고 아이를 살펴보았다. 그런데 아기가 숨을 쉬지 않는 것 같았다.

엄마는 울음을 터뜨리고 할머니를 부르며 말했다.

"여기 좀 와보세요, 아기가 죽었나 봐요."

할머니께서 말씀하셨다.

"울지 말거라. 아주 곤히 잠든 것이지, 죽은 것이 아니란다. 아이의 입에 유리 조각을 갖다 대 보거라. 유리에 김이 서리면, 아이가 숨을 쉬고 살아 있다는 증거란다."

엄마가 아기의 입에 조그만 유리를 대자 유리에 김이 서리며 뿌옇게 변했다. 아이는 살아 있었던 것이다.

잠시 후에 아이는 잠에서 깨어났고, 곧 건강해졌다.

부활절 축제 기간에는 날씨가 따뜻해졌지만 눈이 완전히 녹지는 않았다. 그러다가 다시 영하로 뚝 떨어지더니 안개가 잔뜩 끼었다.

나는 녹았다가 다시 얼어붙은 빙판길을 따라 아침 일찍 과수원으로 갔다. 저 멀리 바라보니 사과나무들이 알록달록하게 치장을 하고 있었다. 어떤 나뭇가지는 검었고, 어떤 것들에는 별처럼 하얀 눈꽃들이 점점이 흩뿌려져 있었다. 가까이 다가가서 검은 가지들을 자세히 들여다보니 바싹 말라 있었다. 화려한 가지들은 모두 싱싱했고 봉오리마다 서리를 가득 머금고 있었다. 다른 곳에는 서리가 없는데 나뭇가지 가장 끄트머리, 새싹의 조그만 입이 열리기 시작하는 곳이면 어디에나 서리가 엉겨 있었다. 마치 영하의 추운 날씨에 농부의 코와 입가에 난 수염에 온통 서리가 뒤덮여 있는 것 같았다.

죽은 나무들은 숨을 쉬지 않지만 살아 있는 나무들은 사람과 마찬가지로 숨을 쉰다. 우리는 코와 입으로 숨을 쉬지만, 나무들은 나뭇잎으로 숨을 쉰다.

천문학자들

달력에는 낮과 밤의 길이가 같아지는 날이 예고되어 있다. 몇 월, 몇 일, 몇 시에 달이 뜨는지도 예고되어 있다. 때로는 언제 일식이나 월식이 있을 지도 달력에서 볼 수 있다. (일식과 월식이 일년에 적어도 세 번은 발생하지만 항상 우리 눈으로 볼 수 있는 것은 아니다. 상트페테르부르크에서는 보이지만 까프까즈에서는 보이지 않기도 한다) 달력에는 언제 혜성이 하늘에 출몰하는지 예고되어 있다. (이 혜성들은 매년 하늘에 출몰하지만 우리가 언제나 그것을 볼 수 있는 것은 아니다) 모든 것이 언제나 달력에 예고된 대로 이루어진다.

1871년에는 일식과 월식이 예고되었고 그대로 이루어졌다. 예고된 그 날 그 시간 한 밤중에 둥근 달이 검은 반점에 의해 가려졌다가 다시 모습을 나타냈다. 한낮에는 태양에 검은 반점이 나타났다가는 다시 태양이 모습을 드러냈다.

이 모든 것을 미리 알아내는 일을 하는 사람들이 천문학자들이다. 그들은 탑을 세우고 그곳에 기다란 망원경을 설치한다. 이 망원경으로 보면 낮에도 별이 보인다. 그들은 별, 달, 태양을 살피고 별들 사이의 거리를 측정한다. 그리고 종이에 별들을 그린다. 그렇게 해서 그들은 언제 어느 별이 자리를 이동하는지를 살피고 태양과 달과 별들이 언제, 어느 곳에 나타날 지를 알아낸다.

천문학자들은 별들과 태양과 달을 관측하여 그것들이 어디로 어떻게 가는지를 지난 천 년 동안 관찰해왔다. 종이에 쓰고 그리면서 어느 별이 언제 올 것인지를 계산하였다. 그리고 이들은 지금도 같은 일을 하며 무언가를 알아내고 미래를 예견한다.

예전에 별에 관한 지식을 가지고 있던 사람들은 자신들의 계산을 아무에게도 보여주지 않았다. 이들은 미래를 예견함으로써 사람들을 놀래게 만들었다. 그러나 지금은 이 일에 관심이 있는 사람이라면 누구라도 스스로 달력을 통해서 예견된 것들을 알 수 있다.

만약 누군가 매일 밤 해뜨기 전에 일어나 태양이 떠오르는 위치를 관찰한다면 그 사람은 태양이 항상 어제보다는

조금 왼쪽 편에서 조금씩 더 일찍 떠오른다는 것을 알게 될 것이다. 사람이 매일 같은 자리에서 태양의 반대편에 있는 나무나 작은 언덕과 같은 무언가를 주의해서 1~2년 동안 계속해서 관찰한다면 특정한 날의 태양이 떠오를 위치를 미리 예측하게 될 것이다. 이처럼 매일 저녁에 달이 뜨는 위치와 시간을 관찰한다면 달이 떠오를 시간을 미리 예측할 수 있다. 별들을 주의 깊게 관찰한다면 달이 어떤 별 맞은편에 몇 시에 떠오를지도 예측할 수 있게 된다. 이러한 현상을 한 번도 주의해서 살펴보지 않은 사람들에게는 언제 어느 별이 뜨고 언제 월식이나 일식이 있을지를 달력에서처럼 예견하는 것은 매우 놀라운 일처럼 보인다. 그것은 한 사람이 한 해, 두 해 주의 깊게 관찰한 것이 수천 년 동안 수천 명의 사람들에 의해 계속된 결과이다.

  이와 같은 현상에 관심이 있는 사람은 어떻게 인간들이 이러한 수준에 도달하였는지를 알 수 있다. 다만 이것은 힘든 일이다. 여러 가지 것들을 고려해야 하고 많은 책을 읽고 스스로 주의하여 관찰하고 계산하는 방법을 익혀야 한다.

온기

I

왜 철길 위의 레일들은 서로 끝과 끝이 만나지 않도록 놓여 있을까?

겨울에는 추위 때문에 철이 줄어들고 여름에는 열 때문에 늘어나기 때문이다. 만일 겨울에 레일을 끝과 끝이 꼭 맞게 연결한다면 여름에는 레일이 늘어나서 서로 버티다가 위로 튀어 오르게 될 것이다.

모든 것은 더위에 늘어나고 추위에 줄어든다.

만약 볼트가 너트에 들어가지 않는다면 너트에 열을 가한 후 볼트를 집어넣어라. 너트가 약할 경우 너트에 열을 가하게 되면 단단해진다.

왜 유리잔에 뜨거운 물을 부으면 유리잔이 깨질까?

그것은 뜨거운 물이 담긴 곳은 온도가 올라가서 늘어나게

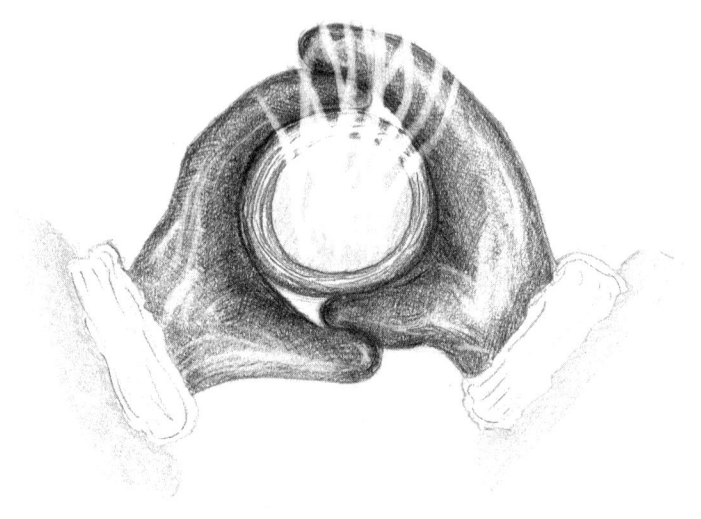

되고 뜨거운 물이 닿지 않은 곳은 그대로 있기 때문이다. 뜨거운 물이 있는 잔의 아래쪽에서 유리잔을 아래로 당기지만 위에서 유리잔을 놓지 않기 때문에 유리잔은 깨지게 된다.

II

눈이 내릴 때 손을 내밀어서 눈을 받으면 금방 녹는다. 하지만 털외투 위에 앉은 눈은 잘 녹지 않는다. 왜 그럴까?

그것은 얼굴과 손의 열기가 눈으로 옮겨가서 눈을 녹이기 때문이다. 따라서 눈이 녹은 자리는 차가워지게 된다.

차가운 물이 든 양철 컵을 손바닥에 쥐고 있을 때 물은 따뜻해지고 손바닥은 차가워진다. 왜 그럴까?

이것은 손의 열이 양철로 옮겨간 후 물로 이동하기 때문이다.

벙어리장갑을 끼고 컵을 쥔다면 어째서 컵이 빨리 따뜻해지지 않는 것일까?

그것은 벙어리장갑이 손에서 물로 열을 통과시키지 않기 때문이다. 그렇지만 양철은 손에서 물로 열을 통과시킨다. 철과 양철은 열기와 냉기를 잘 통과시킨다. 그러나 털외투와 나무는 잘 통과시키지 않는다. 이런 이유로 철, 양철, 구리와 같은 모든 금속은 나무나 털, 종이보다 태양열에 더 쉽게 따뜻해지고 더 빨리 식게 되는 것이다. 따라서 추울 때는 모피나 털옷과 같이 온기를 쉽게 통과시키지 않는 것을 입는 것이다.

왜 밀가루로 반죽을 만든 후에 두꺼운 천으로 덮을까?

그 이유는 천이 온기를 통과시키지 않아서 반죽이 쉽게 식지 않기 때문이다. 양철 등으로 만든 뚜껑은 열기를 밖으로 쉽게 내보내서 반죽이 금방 식게 된다.

왜 톱밥과 짚단 아래 있는 눈은 녹지 않고 오랫동안 남아 있는 것일까?

왜 얼음은 짚단으로 지붕을 만든 창고에서 더 오래 보관될까?

왜 나무판자를 말리려면 짚단 지붕이 아닌 양철 지붕아래 놓는 것일까?

풀을 베거나 수확할 때 농부들이 물이 따뜻해지지 않도록 물동이를 수건으로 감아놓는 것은 무슨 이유에서일까?

III

왜 바람이 부는 영상의 날씨가 바람이 불지 않는 영하의 날씨보다 더 추울까?

그 이유는 몸의 열이 바람을 타고 이동하기 때문이다. 바람이 없다면 몸 주위의 공기가 데워져 따뜻한 채로 남아 있게 된다. 그러나 바람이 불면 바람이 데워진 공기를 몰아내고 차가운 공기를 몰고 온다. 다시 몸에서 열이 나와 몸 주위의 공기를 데우고 다시 바람이 이 따뜻한 공기를 몰아낸다. 결국 몸에서 많은 열이 빠져 나오고 심하게 추위를 느끼게 된다.

뜨거운 차가 찻잔에 담겨 있을 때 입으로 '후' 하고 바람을 부는 것은 무슨 이유에서일까?

태양과 열

 바람 한 점 없는 추운 겨울에 들판이나 숲으로 나가서 주위를 살펴보면서 소리를 들어 보라. 주위는 온통 눈으로 덮여 있고 강물은 얼어붙어 있다. 눈 아래에서는 얼어붙어 버린 마른 풀들의 모습이 보이고, 나무들은 벌거벗은 채 서있다. 아무것도 움직이지 않는다.

하지만 여름에 똑 같은 장소를 보라. 흐르는 강물은 콸콸거리고 웅덩이마다 개구리들이 개굴거리면서 운다. 새들이 날아다니며 맑은 목소리로 노래를 하고 파리와 모기가 윙윙거리며 날아다닌다. 녹색으로 변한 나무와 풀은 몸을 흔들며 바스락거린다.

물이 담긴 양철 주전자를 얼려보라. 주전자가 딱딱하게 굳어진다. 언 주전자를 불 위에 놓아 보라. 얼음은 갈라지고 녹으면서 움직이기 시작한다. 잠시 뒤엔 물이 흔들리기 시작하고 보글거리기 시작한다. 끓기 시작한 물은 요란한 소리를 내며 들썩인다.

세상도 마찬가지이다. 열이 없으면 모든 것은 죽어 있다. 열이 있으면 모든 것이 움직이고 살아난다. 열이 적으면 움직임도 적다. 열이 조금 가해지면 움직임이 생긴다. 열이 더 많아지면 움직임도 활발해진다. 열이 아주 많아지면 움직임도 아주 커진다.

이 세상의 열은 어느 곳으로부터 오는 것일까? 열은 태양에서 온다.

태양은 겨울에 낮게 옆으로 움직이며 햇빛을 땅에 비추지 않는다. 그럴 때에는 아무것도 움직이지 않는다. 해가 머리 위로 높이 오르기 시작하고 땅으로 햇살을 비추기 시작하면 세상의 모든 것이 따뜻해지고 움직이기 시작한다.

쌓인 눈은 녹기 시작하고, 강의 얼음은 떠내려가기 시작한다. 산에서 물이 흘러내리고 물에서 수증기가 올라가 구름이 되어 비를 내린다. 이 모든 일을 하는 건 누구일까?

땅 속의 얼었던 씨앗이 녹고 새싹이 땅 위로 올라온다. 오래된 뿌리에서 어린 줄기가 나오고 나무와 풀들이 자라기 시작한다. 무엇이 이런 일을 하는 걸까? 바로 태양이다.

한 곳에서 공기가 데워지면 그 데워진 공기는 위로 올라간다. 차가운 공기가 그 빈 자리를 다시 채우면서 바람이 생겨난다. 무엇이 이런 일을 하는 걸까? 바로 태양이다.

구름이 위로 올라가 모이고 다시 흩어지면 번개가 친다. 무엇이 이 불을 만드는 걸까? 바로 태양이다.

풀과 곡식, 열매와 나무들이 자란다. 동물들과 사람들은 배불리 먹게 된다. 사람들은 양식을 거두고 겨울을 대비하여 연료를 모은다. 집을 짓고 철도를 만들고 도시를 건설한다. 무엇이 이 모든 것을 준비해주었을까? 태양이다.

인간은 자신의 집을 짓는다. 무엇으로? 통나무로. 통나무는 나무에서 잘라낸 것이다. 나무를 자라게 하는 것은 태양이다.

난로를 따뜻하게 하는 것은 장작이다. 무엇이 장작을 만들어내는가? 태양이다.

사람은 곡식과 감자를 먹는다. 무엇이 이것들을 자라게 하는가? 태양이다.

사람들은 고기를 먹는다. 우리에게 고기를 주는 동물과 새들은 무엇을 먹을까? 풀이다. 풀을 자라게 하는 것은 태양이다.

인간은 벽돌과 석회로 집을 짓는다. 벽돌과 석회는 장작

 으로 구워 만든다. 장작을 만드는 것도 태양이다.

 사람에게 필요한 모든 것을 만들어내는 것은 태양이다. 모든 것에 태양열이 작용한다. 모든 이들에게 곡식이 필요하다. 태양이 기른 곡식 속에는 많은 태양열이 숨어있기 때문에 곡식은 그것을 먹는 사람을 따뜻하게 만든다.

 겨울을 따뜻하게 살기 위해서는 장작과 통나무도 필요하다. 왜냐하면 그 안에 많은 태양열이 담겨 있기 때문이다. 겨울을 대비해 장작을 사는 사람은 태양열을 사는 것이다. 원한다면 겨울에도 장작을 태워 태양열을 집안으로 데리고 오는 것이다.

열이 있으면 움직임도 있다. 직접적인 태양열 때문이든 태양이 만든 것들(석탄, 장작, 곡식, 풀)의 열 때문이든 모든 움직임은 열기로 인해 생겨난다.

말과 황소는 짐을 실어 나르고 사람들은 일을 한다. 무엇이 이들을 움직이게 만드는가? 열이다.

물방아와 풍차방아는 움직이며 방아를 돌린다. 무엇이 이 것을 움직이게 하는가? 바람과 물이다. 무엇이 바람을 몰고 오는가? 열이다. 물을 흐르게 하는 것은 무엇인가? 역시 열이다. 열은 물을 증기로 만든다. 그렇지 않다면 물은 아래로 떨어져 버릴 것이다. 증기 기관차가 움직인다. 그것을 움직이게 하는 것은 증기이다. 무엇이 증기를 만드는가? 장작이다. 장작 안에는 태양열이 담겨 있다.

열에서 움직임이 나오고 움직임에서 열이 나온다. 열도 움직임도 태양으로 인한 것이다.

어떻게 어두운 곳에서 볼 수 있을까

 마당에서 어두운 헛간 안으로 들어가면 처음에는 아무것도 보이지 않는다. 하지만 잠시 시간이 흐르면 기둥과 지붕을 분간할 수 있게 된다. 그리고 조금 더 익숙해지면 모든 것이 보인다. 왜 그럴까?

눈에는 눈동자가 있다. 눈동자를 가까이에서 주의 깊게 살펴보면 마치 작은 거울에서처럼 자신을 볼 수 있을 것이다. 눈동자는 고리 모양으로 되어 있다. 그 눈동자 속에는 빈 공간이 있고 그 빈 공간 뒤에는 동공이 있다. 이 눈동자는 오므라들기도 하고 커지기도 한다. 태양이나 불빛이 많을 때는 잘 보인다. 이 때에는 눈동자가 작아져 동공을 가린다. 그러나 빛이 적을 때는 눈동자가 커지면서 더 많은 빛을 동공에 모아준다.

밝은 곳에서 갑자기 어두운 곳으로 들어가면 작아졌던 눈동자가 커지게 된다. 이렇게 눈동자가 커지면 더 많이 보이게 된다.

왜 어두운 곳에서 밝은 곳으로 나올 때 눈이 아플까? 그 이유는 어두운 곳에서 커진 눈동자가 갑자기 작아질 수 없기 때문이다. 눈동자가 작아지는 동안 눈꺼풀로 눈동자를 가린다. 그렇지 않으면 너무 많은 빛이 커진 눈동자로 들어와 눈이 아프게 되는 것이다.

촉각과 시각

 검지와 중지를 꼬아보라. 꼬인 손가락으로 작은 공이 그 두 손가락 사이를 움직이도록 건드려보라. 그리고는 눈을 감아보라. 두 개의 공이 있는 것처럼 느껴질 것이다. 눈을 떠보면 하나의 공만이 보인다. 손가락이 속인 것이며 눈이 잘못을 바로잡은 것이다.

깨끗하고 좋은 거울을 바라보라(옆으로 보는 것이 더 낫다). 이 거울이 유리나 창문처럼 보이고 그 뒤에 무언가가 있는 것처럼 느껴질 것이다. 손가락으로 건드려 보라. 그러면 이것이 거울이라는 것을 알 수 있을 것이다. 이번엔 눈이 속인 것이지만 손가락이 잘못을 바로잡은 것이다.

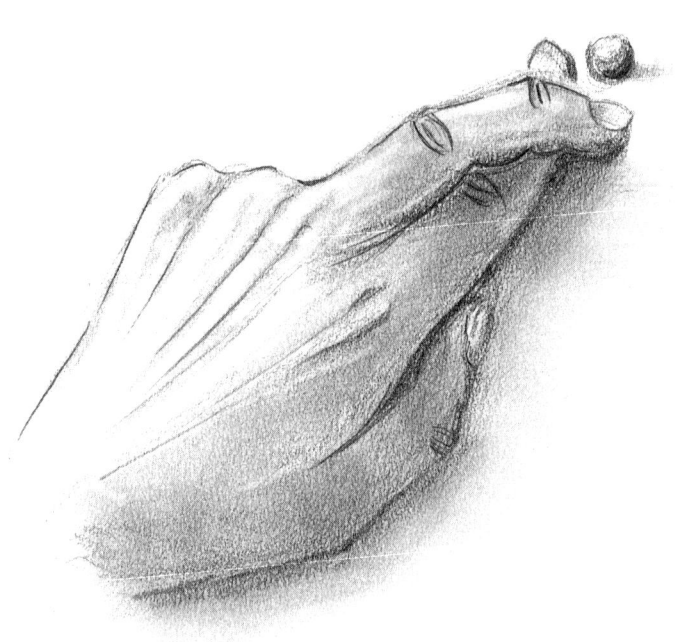

후각

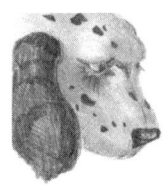
인간은 눈으로 보고 귀로 듣고 코로 냄새를 맡으며 혀로 맛을 느끼고 손가락으로 촉감을 느낀다. 어떤 사람은 다른 사람보다 눈이 더 좋을 수 있다. 어떤 사람은 멀리 있는 것도 들을 수 있지만 다른 사람은 전혀 듣지 못하기도 한다. 후각이 더 발달한 사람은 멀리 있는 것이 무엇인지 냄새를 통해서도 알 수 있지만 어떤 사람들은 썩은 달걀 냄새를 맡고도 눈치 채지 못한다. 어떤 사람은 촉감으로 사물을 모두 알 수도 있지만 다른 사람은 촉감으로는 종이와 나무도 구분하지 못하기도 한다. 어떤 사람은 입으로 가져가기만 해도 단 것을 느끼는데 다른 사람들은 목으로 넘겨도 쓴맛과 단맛을 구분하지 못하기도 한다.

동물들은 서로 다른 감각이 각각 발달해 있다. 그러나 모든 동물의 후각은 인간의 것보다 훨씬 발달해 있다.

사물을 알고자 할 때 인간은 그것을 보고, 소리를 듣고, 때로 냄새를 맡기도 하고, 맛을 보기도 한다. 그러나 인간은 사물을 알아내기 위해서 무엇보다 촉각을 많이 사용한다.

그러나 동물들은 무엇보다 후각을 많이 사용한다. 말, 늑대, 개, 소, 곰은 사물의 냄새를 맡기 전까지 그것의 정체를 알지 못한다.

무언가를 두려워할 때 말은 콧김을 내뿜는다. 냄새를 더 잘 맡기 위해 코를 닦기도 한다. 익숙한 냄새를 맡기 전까지는 계속 무서워한다.

개는 자주 주인의 뒤를 따라 달린다. 하지만 이따금 주인을 보고 놀란다. 냄새를 맡아 주인이라는 사실을 확인하기 전까지 짖어대기도 한다. 눈앞에 있는 두려움의 대상이 바로 주인이라는 사실도 알아차리지 못하기도 한다.

소는 도살장에서 소를 잡는 장면을 보고 그 소가 울부짖는 소리를 듣지만 그 이유를 이해하지 못한다. 그러나 소의 피가 있는 곳을 찾아서 피의 냄새를 맡는다면 소는 곧바로 알아차리고 울부짖으며 발을 구른다. 그 자리에서 소를 움직일 수 있는 것은 아무것도 없게 된다.

어떤 노인이 아내가 병이 나자 혼자서 암소의 젖을 짜러

갔다. 암소는 콧김을 내뿜어보고는 여주인이 아니라는 것을 알아차리고 젖을 주지 않았다. 여주인은 남편에게 자기 옷을 입고 머리 수건을 쓰도록 하였다. 이번에는 암소가 젖을 내 주었다. 그러나 노인이 옷자락을 열어젖히자 암소는 노인의 냄새를 맡고는 다시 젖을 내 주지 않았다.

사냥개는 짐승의 뒤를 추적할 때 바로 발자국을 따라 달리는 법이 없다. 사냥개는 발자국에서 스무 걸음 정도 떨어져서 달린다. 초보 사냥꾼이 사냥개가 짐승의 흔적을 찾게 하려고 사냥개의 코를 그 흔적에 바로 가져다 댈 때가 있다. 그러면 사냥개는 바로 펄쩍 뛰어 옆으로 비켜선다. 그 흔적은 너무나 강한 냄새를 풍겨서 실제로 사냥개는 아무것도 구별을 못하게 되어 그 짐승이 앞으로 도망갔는지 뒤로 도망갔는지도 분간하지 못한다. 사냥개는 흔적에서 떨어져서 달릴 때, 어느 방향에서 더 강한 냄새가 나는지를 느낄 수 있다. 그렇게 해서 그 짐승의 뒤를 쫓는다. 누가 귀에다 대고 너무 크게 말할 때 우리가 하는 것과 같은 행동을 사냥개도 하는 것이다. 이런 경우 우리도 뒤로 물러서서 들을 때에야 무슨 말을 하는지 알 수 있게 된다. 혹은 우리가 보는 물체가 너무나 우리와 가까이 있을 때 우리는 거리를 두고 살펴보게 된다.

개들은 서로가 서로를 알아보며 냄새를 통해 서로 신호를 보낸다.

곤충의 후각은 더 발달해 있다. 꿀벌은 필요한 꽃을 향해 바로 날아간다. 애벌레는 자기가 먹는 잎사귀 쪽으로 기어 간다. 빈대, 이, 모기는 수만 걸음(빈대 걸음으로)이 떨어진 곳에서도 인간의 냄새를 맡는다.

사람의 코를 자극하기 위해서는 아주 작은 양의 기체가 필요하다. 그렇다면 얼마나 작은 양의 기체가 곤충의 후각을 자극할 수 있을까!

사람들이 불을 알지 못했을 때 어떻게 불을 얻을 수 있었을까

자연 상태에서 불은 몇가지 형태로 일어난다.
첫째, 벼락이 나무에 떨어져 불이 나기도 한다.
둘째, 사람들이 쌓아올린 건초더미에서 갑자기 불이 나기도 한다.

세째, 숲에서는 바람에 나무들이 서로 부딪혀서 불이 붙는다.

넷째, 철과 돌이 부딪혀서 불이 일어난다.

불을 알게 된 후, 사람들은 불이 꺼지지 않도록 지키기 시작했다. 하지만 불은 꺼졌다. 처음에 사람들은 숲에서 불이 일어나듯 두 개의 마른 나무를 골라서 서로 비벼서 불꽃을 만들었다. 그 다음에는 부싯깃을 모으는 방법을 알게 되어, 돌로 불꽃을 일으켰다. 나무를 태우기 위해서 나무를 건조시키는 방법을 배웠으며, 불빛을 얻기 위해 양초의 기름과

지방을 태우는 법을 알아냈다. 다음에는 유황을 얻는 법과 유황성냥을 만드는 법을 배웠다. 이후 인을 얻는 법과 성냥을 얻는 법을 배웠다. 그런 후 장작 대신에 땔 무연탄을 땅속에서 얻는 법을 배웠다. 유리를 얻는 방법과 유리를 통해 태양빛으로 불을 붙이는 법을 배웠다. 전기를 모아 전기로 불을 붙여서 따뜻하게 만들고 빛을 내는 방법을 배우게 되었다. 불을 붙일 수 있는 것이 여기저기에 많아지게 되었다. 불을 붙이는 도구는 부싯돌의 부싯깃과 성냥, 유리처럼 점덤 다양해졌다.

사람들이 태양과 말싸움을 벌이며 다음과 같이 말했다.

"우리는 이제 태양이 없이도 살수 있어. 불과 빛은 어디에든 있어. 우리는 어떻게 무엇에 불을 붙여야 하는지 알고 있어. 우리에게 태양은 필요 없어."

태양이 말했다.

"그러면 맨처음에 너희들이 얻은 불은 누구한테서 생긴거지?"

"태양이 아니라 번개지."

"그럼 번개는 어떻게 생긴 거지?"

"비구름에서 생겼지."

"구름은 어디서 온 건지 알아?" 태양이 말했다. "구름은 땅에 있는 물이었어. 내가 물을 데워서 수증기로 만들어 구름으로 모은 거야."

사람들이 말했다.

"하지만 이제 번개는 필요 없어. 우리는 나무에서 불을 얻을 수 었어. 나뭇가지를 서로 비비면 불이 나."

"그렇다면 누가 나무를 자라게 하지?" 태양이 말했다. "너희들이 불을 붙이는 나무들은 처음엔 그냥 씨앗일 뿐이었어. 차가운 땅에 누워있는 씨앗들을 내가 열로 부드럽게 만들어서 땅을 녹이고 나무들이 나를 향해 자라도록 했지. 내가 없다면 나무도 없어."

사람들이 말했다.

"그렇다면 우리는 부싯돌에서 불을 만들지."

태양이 말했다.

"부싯돌을 만든 것도 나야, 너희들 내 말을 못믿겠지만 말이야."

"그렇다면 우리는 풀로 불을 만들지. 건초더미를 쌓아두면 바짝 말라서 불이 생기지. 우리는 그렇게 불을 가지게 될 거야."

"그런데 누가 풀을 자라게 하지? 그래 누가 풀을 건초더미로 만들지?"

"그렇다면 우리는 생석회에 물을 뿌린 후 불을 만들거야."

"누가 물을 만들지? 그것도 내가 얼음으로 물을 만든 거야."

"그렇다면 전기 불꽃을 방전시켜서 불을 만들지."

태양이 말했다.

"전기는 무엇으로 만들지? 유리로? 불 속에서 유리가 만들어지지. 내가 아니라면 불도 없을 걸. 만일 너희들이 철과 구리로 전기를 만든다면 그것에 물을 뿌려야 할 걸. 내가 없다면 물도 없지. 좋아, 내가 불을 너희들에게 주었다고 하

자. 하지만 너희들은 내가 없다면 그것으로 난방도 못하고 빛도 만들어내지 못할거야."

"장작을 이용하지."

"장작도 모두 내가 만든 거야." 태양이 말했다. "만일 내가 새로운 숲을 만들지 않았다면 벌써 오래 전에 너희들이 숲을 전부 태워 버렸을 것이고, 그렇게 되면 불붙일 것은 하나도 남아있지 않았을 거야."

"그러면 석탄으로 불을 붙이지."

"석탄도 내가 만들었어. 흙처럼 된 석탄은 내가 키워낸 숲이었어. 지금과 같은 그런 숲이었지. 다만 땅 속에 묻힌 것이지. 그래, 너희들이 석탄을 가졌다고 하자 무엇으로 불을 붙일건데? 내가 없이는 무엇으로도 불을 붙일 수 없지. 만일 내가 자작나무를 키워내지 않는다면 불을 붙이는 관솔도 없겠지. 만일 내가 삼이나, 아마, 겨자, 해바라기를 키워내지 않는다면 기름도 없을 걸."

"지방을 태우지."

"지방은 어디서 나지? 동물에서 나오지. 그 동물은 무엇을 먹지? 풀이나 곡식이지. 모두 내가 키워내는 것들이야."

"땅속엔 원유가 있어. 원유를 파내서 석유를 만들어서 불을 때고 빛을 내지."

"그래." 태양이 말했다. "너희들은 석탄에 불을 붙이고 기름으로 빛을 내겠지. 그런데 어디서 그 힘을 만들어내지? 너희들은 그 힘이 너희들에게 있다고 생각하나? 너희들의 증기기관차가 선로를 달리고 물레방아와 풍차가 움직이는 것, 말과 황소들이 짐을 나르는 것, 너희들이 땅을 파고 나무를 베고 이리저리 옮기는 것. 이 모든 힘이 어디서 나오는지 알아? 모두가 다 나로부터 나온 거야. 내가 아니면 세상에 힘은 없어. 내가 따뜻하게 데우는 것이 바로 힘이야."

습기

I

왜 거미는 거미줄을 만들고 그 한가운데 앉아있기도 하고 거기서 나와 새로운 거미줄을 만들기도 하는 걸까?

거미가 거미줄을 만드는 것을 보고 우리는 날씨를 미리 알 수 있다. 거미가 거미줄 한가운데에 몸을 숨기고 앉아서 밖으로 나오지 않는다면 조만간 비가 온다는 것을 의미한다. 하지만 거미가 거미줄에서 나와 새로운 거미줄을 만들고 있다면 날씨가 맑아질 것을 알려준다.

어떻게 거미는 날씨를 미리 알 수 있는 걸까?

거미의 감각은 매우 섬세해서 공기 중에 습기가 모이기 시작하기만 해도 (우리는 이 습기를 느끼지도 못하고 우리에게 날씨는 여전히 화창하게 생각된다) 거미는 이미 비가 내리고 있는 것처럼 느낀다.

벌거벗은 사람은 습기를 느끼지만 옷을 입은 사람은 습기를 느끼지 못하는 것처럼 비가 내리려고 할 뿐이지만 거미는 이미 비가 오고 있는 것처럼 느낀다.

II

왜 가을과 겨울에는 나무로 만든 문이 잘 닫히지 않고 여름에는 가볍게 잘 닫히는 걸까?

그 이유는 가을과 겨울에는 나무가 스펀지처럼 물을 한껏 머금어서 부풀어 오르고 여름에는 나무속의 물이 수증기가 되어 증발하면서 나무가 오그라들기 때문이다.

왜 버드나무처럼 약한 나무는 더 많이 부풀어 오르고 참나무는 덜 부풀어 오를까?

그 이유는 참나무처럼 단단한 나무에는 빈 공간이 적어서 물을 머금을 공간이 없고 버드나무처럼 연약한 나무에는 빈 공간이 많아서 물을 저장할 장소가 많기 때문이다.

썩은 나무에는 빈 공간이 더 많다. 그렇기 때문에 썩은 나무는 무엇보다도 더 잘 부풀어 오르고 더 많이 오그라든다. 그래서 꿀벌들은 부드러운 나무나 썩은 나무에 벌집을 만든다. 가장 좋은 벌집은 썩은 버드나무로 만든 것이다. 그 이유는 무엇일까? 썩은 버드나무는 공기가 잘 통하여 꿀벌들이 숨쉬기가 더 쉽기 때문이다.

왜 축축한 판자는 휘어질까?

그 이유는 균등하게 마르지 않기 때문이다. 만일 물기가 많은 판자 한쪽을 난로를 향해 세워 둔다면 난로에 가까운 쪽의 나무에서 물이 수증기가 되어서 날아간다. 물기가 빠진 부분부터 나무는 오그라들기 시작하여 반대쪽을 잡아당기게 된다. 하지만 반대쪽을 오그라뜨리지 못한다. 왜냐하면 그 안에는 날아가지 못한 물이 들어 있기 때문이다. 그래서 판자가 휘어지게 된다.

나무 바닥이 휘지 않게 하기 위해서는 조각으로 자른 마른 판자를 뜨거운 물에 삶아낸다. 그 다음에 나무 조각의 수분을 모두 증발시킨 후 풀을 붙이면 이제 그 조각들은 더 이상 휘어지지 않는다.

왜 나무들은 추운 날씨에 소리를 내며 갈라질까

 나무에는 습기가 있으며 이 습기가 물처럼 얼게 된다. 물이 얼게 되면 부피가 늘어난다. 더 이상 늘어날 공간이 없을 때 물은 나무를 갈라 버린다. 만일 물을 병에 담고 영하의 날씨에 놓아두면 물은 얼어서 병을 깨뜨리게 되는 것과 같은 것이다.

주철 대포를 물로 채워 얼리면 그 대포를 깨뜨려 버릴 정도로 얼음의 힘은 강하다.

왜 물은 무쇠처럼 추위에 수축되지 않고 부피가 커질까? 그 이유는 물이 얼 때 물의 분자들이 서로서로 얽히게 되면서 그들 사이에 빈 공간이 더 커지게 되기 때문이다.

왜 물은 얼어도 부피가 적어지지 않을까?

혹시 강이나 호수에서 물이 바닥까지 얼지 않게 하기 위해서 그런 것은 아닐까?

　얼음은 영하의 추위에 부피가 커진다. 따라서 물보다 가벼워지며 물위에 뜬다. 표면만 얼기 시작해서 점점 더 두꺼워지게 되지만 절대 바닥까지 얼지 않는다. 만일 물이 영하의 날씨에 무쇠처럼 부피가 작아진다면 강의 윗부분의 물이 얼어서 가라앉게 된다. 왜냐하면 얼음이 물보다 더 무겁게 되기 때문이다. 다음에 다시 윗부분이 얼어서 가라앉으면 호수와 강이 바닥에서 수면 위까지 얼게 될 것이다.

바닷물은 어디로
흘러가는 것일까

 물은 샘이나 습지에서 개울로 흐르고, 개울은 샛강으로, 샛강은 큰 강으로, 큰 강은 바다로 흐른다. 여러 군데에서 시작한 강물들은 모두 바다로 흐른다. 모든 강은 세계가 창조된 이후로 항상 바다를 향해 흘러갔다. 그러면 바닷물은 어디로 흘러가는 것일까? 왜 바닷물은 넘치지 않을까?

바닷물은 수증기가 되어 증발한다. 수증기는 더 높이 올라가 구름이 된다. 구름은 바람에 날리어 땅 위로 퍼져간다. 구름에서 땅으로 빗물이 떨어진다. 빗물은 땅에서 습지로, 샛강으로 흘러 들어간다. 그리고 샛강에서 강으로 흐르고, 강에서 바다로 흐른다. 바닷물은 다시 구름이 되고 구름은 다시 땅 위로 퍼져간다.

바람은 왜 부는 것일까

I

물고기는 물에서 살고, 사람은 공기 속에서 산다. 물고기들은 자신들이 움직이지 않거나 물이 움직이지 않는 동안에는 물을 듣지도 보지도 못한다. 마찬가지로 우리가 직접 움직이거나 공기가 움직이기 전까지는 공기를 듣지도 보지도 못한다.

한번 달려본다면 우리는 공기를 쉽게 느낄 수 있다. 즉 바람이 얼굴에 불어온다. 때로는 우리가 달릴 때 공기가 우리 귀에서 내는 소리를 듣기도 한다. 따뜻한 마당으로 향한 방문을 열었을 때는 아래쪽에서는 언제나 바람이 마당에서 방 안으로 불고 위쪽에서는 방 안에서 마당으로 분다.

누군가 방 안을 걸어다니거나 옷깃을 휘두를 때 우리는 말한다. "바람을 일으키는군." 난로의 불을 지필 때면 언제나 난로 속으로 바람을 불어준다.

마당에서 바람이 불 때면 바람은 여러 날 동안 종일 한 방향으로 불었다가 다른 방향으로 불기도 한다. 그 이유는 땅 위의 공기가 어느 곳에서는 매우 더워지고 다른 곳에서는 차가워지기 때문이다. 그렇게 바람은 시작된다. 마치 마당에서 방 안으로 바람이 불듯이 아래쪽에서는 차가운 바람이 불고 위쪽에서는 따뜻한 바람이 분다. 차가운 곳이 따뜻해지고 따뜻한 곳이 식을 때까지 바람은 분다.

II

두 개의 나뭇가지를 십자가 모양으로 묶은 뒤 네 끝을 서로 연결하도록 나뭇가지를 덧붙인다. 여기에 종이를 붙인다. 한쪽 끝에는 보리수나무 껍질로 꼬리를 달고 다른 쪽에는 길고 가는 삼베 실을 연결하면 연이 만들어 진다. 이렇게 만들어진 연을 붙잡고 바람 속을 달리다 잡은 손을 놓으면 바람은 연을 하늘로 높이 날려 보낸다. 연은 때로는 떨면서 소리를 내다 방향을 바꾸기도 하고 보리수나무 껍질로 만든 꼬리를 펄럭이기도 한다.

만일 바람이 없었다면 연을 날릴 수도 없었을 것이다.

얇은 널빤지로 네 개의 날개를 만들어 그것을 회전축을

기준으로 십자가 모양으로 세운다. 다음으로 회전축이 돌아가면서 기어와 바퀴가 맞물리며 바퀴가 맷돌을 돌릴 수 있도록 기어와 캠이 달린 바퀴를 단다. 그 다음 날개를 바람의 반대 방향에 세운다. 날개들은 돌아가기 시작하고 기어와 바퀴는 서로서로 맞물리면서 맷돌은 다른 맷돌 위에서 돌아가기 시작한다. 이때 이 두 개의 맷돌 사이에 곡식을 넣으면 곡식이 빻아지고, 빻아진 가루가 양동이 안으로 떨어진다.

만일 바람이 없다면 풍차 방앗간에서 곡식을 빻을 수도 없을 것이다.

배를 타고 더 빨리 가려면 배 한가운데에 커다란 장대를 세우고 이 장대에 가로로 막대기를 매단다. 이렇게 매단 막대기를 가름대라고 한다. 그런 다음 이 가름대에 아마포로 만든 돛을 매달고 돛의 아래쪽으로 밧줄을 묶어 손에 쥔다. 그 다음 바람을 맞도록 방향을 잡아 돛을 세운다. 배가 옆으로 기울 정도로 바람이 강하게 돛을 펄럭이게 할 때 밧줄 잡은 손을 놓는다. 그러면 배는 바람을 따라 매우 빨리 달린다. 뱃머리 아래로 물거품이 인다. 마치 바닷가가 배 뒤로 달려가는 것 같다.

만일 바람이 없다면 돛단배를 띄울 수도 없을 것이다.

사람들이 사는 곳에는 좋지 않은 냄새가 있기 마련이다.

 만일 바람이 없다면 이 냄새는 그 곳에 그대로 남아 있을 것이다. 그러나 바람은 좋지 않은 냄새를 몰아내고 숲과 들판으로부터 맑고 상큼한 냄새를 몰고 온다. 만일 바람이 없다면 사람들이 오랫동안 숨을 쉰 장소의 공기는 매우 더러워질 것이다. 공기가 제자리에 서 있다면 사람들은 자신들이 숨을 쉰 그 장소를 벗어나야 할지도 모른다.

 야생동물들이 숲과 들판을 오갈 때 그들은 언제나 바람을 안고 다닌다. 앞쪽에 무엇이 있는지 귀를 세워 듣고 냄새를 맡는다. 만일 바람이 없다면 그들은 어느 쪽으로 가야 할지 모를 것이다.

대부분의 풀과 나무는 열매를 맺기 위해서 꽃에서 다른 꽃으로 꽃가루를 옮겨주어야 한다. 꽃들은 때로 서로 멀리 떨어져 있기도 하다. 꽃들은 혼자서 자기의 꽃가루를 한 꽃에서 다른 꽃으로 옮기지 못한다.

바람이 없는 온실에서 오이를 재배할 때 사람들은 꽃 하나를 꺾은 후 다른 꽃에 가져다 댄다. 이것은 꽃에 꽃가루가 닿아서 열매가 맺도록 하기 위해서이다. 꿀벌과 다른 곤충들이 때로 발에 꽃가루를 묻혀서 꽃들 사이를 옮겨 다니기도 한다. 그러나 무엇보다 꽃가루를 더 많이 옮기는 것은 바람이다. 만일 바람이 없다면 식물의 절반은 열매를 맺지 못할 것이다.

따뜻한 계절에는 물위로 수증기가 올라간다. 이 수증기가 더 높이 올라가서 위쪽에서 차가워지면 비가 되어 아래로 떨어진다.

땅 위에서 수증기가 올라가는 곳은 물이 있는 곳이다. 개울이나 습지, 연못이나 강, 그리고 무엇보다 바다가 그러하다. 만일 바람이 없다면 수증기도 이동하지 않을 것이다. 물 위에서 구름이 되어 올라간 바로 그 자리로만 떨어지게 될 것이다. 개울, 습지, 강 그리고 바다 위로는 비가 내리겠지만 땅 위, 들판이나 숲에는 비가 내리지 않을 것이다. 바람은 구름을 옮겨서 땅에 비를 뿌린다. 만일 바람이 없다면 물이 있는 곳에서만 더 많은 물이 생기게 될 것이고 그렇지 않은 땅은 모두 말라버릴 것이다.

이슬

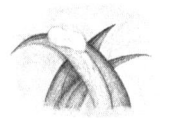 햇빛이 비치는 여름 아침에 숲으로 가보자. 들판에 있는 풀들의 잎사귀에는 뭔가 보석 같은 것들이 보인다. 이 보석들은 햇살 아래서 노랑, 빨강, 파랑 등 여러 가지 색깔로 이곳저곳에서 반짝거린다. 가까이 다가가 보면 이것들이 풀의 잎사귀 위에 모여 있는 이슬 방울들임을 알게 될 것이다.

이 풀잎들의 표면을 보면 거칠거칠하다. 그리고 마치 벨벳처럼 북슬북슬한 털이 나 있어 물방울이 잎을 타고 굴러도 잎이 젖지 않는다.

이슬이 돋은 잎사귀 하나를 갑자기 잡아 뜯으면 마치 투명한 공처럼 생긴 작은 이슬 방울이 굴러 떨어진다. 그것은 꽃대에 숨어서 보이지 않았던 이슬이 흘러 내리는 것이다. 살며시 풀을 입술 근처에 갖다 대면 이슬 방울이 입 안으로 들어온다. 세상에 이 이슬 방울보다 더 맛있는 음료수가 있을까!

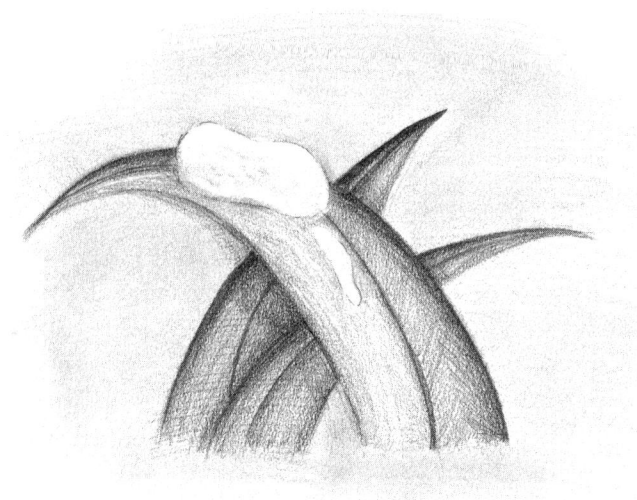

결정체

 물에 소금을 넣은 후 휘저으면 소금은 물에 녹아 보이지 않게 된다. 그러나 소금을 계속 넣으면 결국 소금은 더 이상 녹지 않게 된다. 아무리 휘저어도 물 속에 하얀 가루로 남아 있다. 물이 소금으로 꽉 차 있어 더 이상 받아들이지 못하는 것이다. 그러나 만일 물을 가열하면 물은 더 많은 소금을 받아들이게 된다. 찬 물에서 녹지 않던 소금도 뜨거운 물에서는 녹는다. 그러나 더 많은 소금을 넣게 되면 뜨거운 물도 소금을 더 이상 받아들이지 않게 된다. 물을 계속 가열하면 수증기가 증발하여 소금은 더 많이 남게 된다. 물이 녹일 수 있는 물질에는 그 물이 더 이상 녹일 수 없는 일정한 양이 있다. 모든 물질은 차가울 때 보다는 뜨거울 때 더 많이 녹는다. 그러나 뜨거운 물 역시 포화상태에 이르면 더 이상은 물질을 녹이

지 못한다. 물질은 그대로 남게 되고 물은 수증기로 증발해 버린다.

　물에 질산칼륨 가루를 더 이상 녹지 않을 때까지 녹인 후 그 가루를 조금 더 넣고 불에 데운 후 섞지 않고 식게 놓아두면 초과된 질산칼륨이 물 아래쪽으로 가라앉는다. 이때 질산칼륨은 가루가 아닌 작은 육각기둥 모양으로 뭉쳐져서 바닥이나 벽면에 빽빽하게 붙게 된다. 질산칼륨 가루를 더 이상 녹지 않을 때까지 넣은 물을 따뜻한 곳에 놓아두면 물은 수증기로 증발하고 초과된 질산칼륨은 역시 작은 육각기둥모양의 결정체로 변한다.

물에 소금을 넣어 녹인 후 데워서 수증기를 만들면 소금 역시 가루가 아니라 정육면체모양으로 가라앉는다. 물에 소금과 질산칼륨을 같이 넣고 녹인 후 데우면 질산칼륨과 소금은 혼합되지 않고 각각 따로 침전된다. 질산칼륨은 작은 육각기둥모양으로 소금은 정육면체로 침전물이 남는다.

물에 석회나 소금 혹은 다른 어떤 물질을 녹인 후 물을 증발시키면 각각 다른 모양의 결정체들의 침전물이 나온다. 삼각기둥, 팔각기둥, 직사각형 모양, 별 모양 등의 여러 가지 모양으로 가라앉는다. 모든 고체의 침전물은 다양한 모습을 갖는다. 이 모양은 때로는 손에 올려 놓을 수 있을 만큼 크기도 하다. 그런 모양의 결정 암석을 땅속에서도 발견할 수 있다. 때로 이 모양이 너무 작아서 눈으로는 알아보기 힘들 때도 있다. 그러나 모든 사물은 자기만의 모양을 가지고 있다.

물에 질산칼륨 가루를 더 이상 녹지 않을 때까지 녹인 후 계속해서 질산칼륨을 넣어 바닥에 침전물을 만들어보라. 이렇게 생긴 침전물의 끝부분을 바늘로 부수면 그 자리에 바로 다시 새로운 질산칼륨 조각이 모여들게 되어 부서진 자리는 곧 원래의 모습을 되찾게 된다. 소금이나 그 밖의 다른 물질도 모두 마찬가지이다. 작은 가루들은 돌아다니면서 필요한 곳에 가서 붙게 된다.

얼음이 얼 때도 마찬가지이다.

눈송이가 날린다. 언뜻 보기에는 아무런 특징적인 모양도 없는 것 같다. 그러나 눈송이가 두꺼운 모직 천이나 모피와 같이 무언가 어둡고 차가운 물체에 앉게 되면 그 안의 형태를 구별할 수 있게 된다. 별 모양 혹은 육각형의 작은 판들이 보인다. 창문에 수증기는 아무렇게나 얼어붙는 것이 아니라 별 모양을 띠면서 얼게 된다.

얼음이란 무엇일까? 얼음은 차가운 고체 상태의 물이다. 액체 상태의 물이 고체의 물로 변할 때 그 물은 형태를 갖추게 되며 물에서 열기가 방출된다. 같은 현상이 질산칼륨의 경우에도 발생한다. 소금이나 철도 액체 상태에서 고체 상태로 변할 때 마찬가지의 현상이 일어난다. 액체 상태의 물체가 고체 상태가 될 때 액체로부터 열이 방출되면서 액체는 일정한 모양을 갖게 된다. 반대로 고체에서 액체로 변할 때 물체는 열을 흡수하게 된다. 물체는 냉기를 잃으면서 자신만의 독특한 모양을 잃어버리게 된다.

녹인 쇠를 차갑게 식혀보라. 뜨거운 반죽을 차갑게 식혀보라. 석회를 차갑게 식혀보라. 열이 날 것이다. 얼음을 가져다 녹이면 추워질 것이다. 질산칼륨이나 소금 혹은 물에 녹는 모든 물질을 가져다 물에 녹여보라. 물이 차가워질 것이다. 아이스크림을 녹지 않게 하기 위해서 사람들은 아이스크림을 보관하는 통 안에 소금을 넣기도 한다.

자석

 옛날에 마그니스라는 목동이 살고 있었다. 어느 날 양 한 마리가 없어졌다. 그는 양을 찾으러 산에 올라갔다가 바위로만 덮여 있어서 풀 한 포기 없는 곳에 오게 되었다. 이 바위 위를 걷던 마그니스는 바위에 장화가 달라붙는 것을 느꼈다. 그는 손으로 만져보았지만 건조한 바위에 손이 붙지는 않았다. 다시 걷기 시작했다. 또 장화가 달라붙었다. 목동은 앉아서 장화를 벗고 손에 든 후 장화로 바위를 두드리기 시작했다.

가죽이나 구두창으로 건드려 봤지만 붙지 않았다. 그러나 못으로 바위를 건드리자 바위에 붙었다.

마그니스는 한쪽 끝에 쇠가 달린 지팡이를 가지고 있었다. 그는 반대편 나무 손잡이로 바위를 건드려 보았지만 붙지 않았다. 쇠가 달린 끝으로 바위를 건드리니 힘을 주어서

떼어내야 할 만큼 꼭 달라붙었다.

바위를 살펴본 마그니스는 그것이 철과 비슷하다는 것을 알게 되었다. 그래서 바위 조각을 집으로 가져왔다. 그 이후로 이 돌은 자석(마그니트)으로 불리게 되었다.

자석은 철광석이 묻힌 땅 속에 있다. 광석 안에 자석이 들어 있는 철을 최상급으로 친다. 자석은 철과 비슷하다. 만일 철 조각을 자석 위에 놓으면 철은 다른 철을 끌어당기게 된다. 쇠로 만든 바늘을 자석 위에 놓고 오랫동안 두면 바늘은 자석이 되어 철을 자기 쪽으로 끌어당기게 된다. 두 개의 자석의 끝을 서로 이으면 같은 극은 서로 밀쳐내고 다른 극은 서로 붙게 된다.

하나의 막대자석을 두 개로 쪼개면 그 절반의 자석은 다시 한쪽은 끌어당기고 반대쪽은 밀쳐내게 된다. 또 한번 잘라보아도, 그리고 계속해서 잘라도 같은 현상이 벌어진다.

자석 위에 오랫동안 올려놓아 자석이 된 바늘이 자유롭게 움직일 수 있도록 바늘 가운데 받침대를 놓는다. 자석 바늘을 아무 곳이나 향하게 방향을 잡더라도 손을 떼면 한 쪽 끝은 남쪽을 다른 쪽 끝은 북쪽을 가리키게 된다.

 자석을 알기 전까지는 먼 바다까지 배를 타고 가지 못했다. 하지만 자석을 알게 된 후 자석 바늘이 자유롭게 움직이도록 받침대 위에 자석 바늘을 놓아서 어느 방향으로 배를 몰아야 할지 알게 되었다. 자석 바늘을 가지고 해안에서 더 먼 곳으로 항해하기 시작했으며 그 이후로 사람들은 새로운 세계를 알게 되었다.

 배 위에는 언제나 자석 바늘(나침반)이 있으며 배의 끝에는 매듭지어진 밧줄이 있다. 이 밧줄은 배가 어느 정도의 거리를 지나왔는지를 표시하는 것이다.

 따라서 배를 타고 항해할 때는 언제나 현재 배가 떠 있는 곳과 해안과의 거리 및 방향을 알 수 있다.

제 2 부

사람과 동물

작은 새

생일을 맞이한 세료자는 팽이, 장난감 말, 그림 책 등 많은 선물을 받았다. 그 중에서 세료자의 마음에 가장 든 선물은 작은 아버지께서 선물하신 새 덫이었다. 이 덫은 작은 판자에 그물이 붙어있는 것인데 새가 판자에 앉으면 그물이 새를 덮치게 만들어진 것이다. 즉 곡식 알갱이들을 판자 위에 뿌려놓으면 새가 곡식을 먹으려고 앉고 그러면 그물이 덮쳐서 새를 잡을 수 있게 된다. 세료자는 너무 기뻐서 팔딱팔딱 뛰면서 엄마한테 갔다. 그런데 엄마는

"새들을 괴롭히면 못써! 새가 불쌍하잖아!"

"치, 새를 괴롭히려는 게 아니라 새를 새장에 넣고 키우려는 것뿐이예요. 새는 노래를 해주고, 나는 새에게 먹이를 열심히 줄 거예요."

세료자는 새 덫의 판자 위에 곡식알을 뿌린 다음 정원에 놓아두었다. 그리고 옆에 서서 한참 동안 새들이 날아오기를 기다렸다. 하지만 새들은 세료자를 무서워하여 가까이 오지도 않았다. 시간이 많이 흘렀고, 배가 고픈 세료자는 새 덫을 그대로 둔 채 점심을 먹으러 집 안으로 들어갔다. 점심을 먹고 다시 돌아온 세료자는 그물 안에 작은 새가 한 마리 있는 것을 보았다. 세료자는 좋아하며 새를 두 손으로 꼭 잡고 집 안으로 데리고 갔다.

"엄마! 이것 좀 보세요. 내가 새를 잡았어요. 이것 좀 봐요, 진짜예요, 꾀꼬리예요! 정말 심장이 콩콩거려요!"

"이 새는 방울새란다. 새를 괴롭히지 말고 놓아주는 게 더 좋을 것 같은데." 엄마가 말했다.

"싫어요, 내가 먹이도 주고 물도 주고 잘 키울 거예요."

세료자는 방울새를 새장 안에 집어넣고, 이틀 동안은 새에게 먹이도 주고, 물도 넣어 주고, 새장을 청소해 주기도 했다. 하지만 사흘 째 되는 날 세료자는 깜빡 잊고 물을 갈아주지 않았다. 그러자 엄마가 세료자에게 이렇게 말했다.

"그것 봐라, 잘 보살핀다더니 물을 주는 것을 까맣게 잊었구나? 엄마 말대로 놓아 주는 게 어떠냐?"

"아니에요, 잊은 게 아니에요. 지금 막 물도 갈아주고 새장도 치워주려고 했어요."

세료자는 귀찮은 듯 새장 안으로 손을 집어넣고 청소를 시작했다. 작은 새는 깜짝 놀라 날개를 퍼덕이며 새장 창살에 몸을 부딪쳤다. 세료자는 신경도 쓰지 않았다. 새장 청소를 마치고 물을 가지러 갔다. 엄마는 세료자가 새장 문을 열어둔 채 물을 뜨러 간 것을 보고 큰 소리로 이야기했다.

"세료자, 새장 문을 닫아야지, 안 그러면 새가 빠져 나와서 날아가다가 벽 같은 데 부딪혀서 다칠지도 몰라!"

엄마가 말을 끝내는 것과 동시에 작은 새는 새장의 문을 찾아냈고, 새장에서 빠져 나와서 기뻐하며 작은 날개를 펼쳐 하늘을 향해 날아올랐다. 유리창을 못 본 작은 새는 부딪쳐서 창턱에 떨어지고 말았다.

세료자는 달려와서 쓰러져 있는 작은 새를 집어서 새장 안에 다시 넣었다. 방울새는 다행히 다시 정신을 차렸지만 가슴을 바닥에 대고 엎드려서 작은 날개를 펼치고는 힘겹게 숨을 할딱거렸다. 세료자는 한참 동안 물끄러미 새를 바라보다가 마침내 울음을 터뜨리고 말았다.

"엄마! 이제 어떻게 해야 해요?"

"지금은 가만히 두는 것이 제일 좋단다."

세료자는 하루 종일 새장 근처에서 떠날 줄을 모르고 작은 새를 지켜보았다. 하지만 방울새는 조그만 가슴을 바닥에 대고 계속해서 힘들게 얕은 숨을 쉬고 있을 뿐이었다. 세료자가 잠을 자러 갈 때까지 작은 새는 아직 살아 있었지만 다음날 아침 세료자가 다시 새장으로 돌아왔을 때, 방울새는 이미 작은 등을 바닥에 대고 누워서 자그마한 발을 꼭 붙인 채, 딱딱하게 굳어 있었다. 그 날 이후 세료자는 다시는 새를 잡지 않았다.

새끼 고양이

바샤와 까짜라는 오빠와 동생이 살고 있었다. 그들은 고양이 한 마리를 키우고 있었는데 어느 봄날 고양이가 사라져 버렸다. 아이들은 여기저기 고양이를 찾아 다녀 보았지만 찾을 수가 없었다. 하루는 아이들이 창고 근처에서 놀고 있는데 이상한 소리가 들려왔다. 머리 위쪽에서 가느다란 목소리로 누군가 야옹거리고 있었다.

바샤는 사다리를 타고 창고 지붕 바로 밑으로 기어 올라갔다. 아래쪽에 있는 까짜가 계속 물어보았다.

"오빠, 뭐가 있어? 뭘 찾았어?"

하지만 바샤는 아무 말도 없었다. 잠시 후 바샤는 여동생에게 큰소리로 말했다.

"찾았다! 우리 고양이야……. 고양이가 새끼를 낳았어. 너무 신기하다. 빨리 이리 와봐!"

까짜는 집으로 달려가서 우유를 가져다 고양이들에게 먹였다. 새끼 고양이들은 모두 다섯 마리였다. 시간이 조금 지나자 고양이들은 자기가 태어난 귀퉁이로부터 기어 나오기 시작했다. 아이들은 고양이들을 집으로 데리고 갔다. 고양이를 본 엄마는 너무 많으니 다른 집에 주자고 했다. 그리고 아이들에게 집에서 키울 고양이 한 마리만 고르라고 했다. 아이들은 발끝이 하얗고 온몸이 회색인 고양이를 골랐다. 그리고 나머지는 엄마가 말한 대로 다른 사람들에게 나누어 주었다.

아이들은 고양이에게 먹이도 주고 함께 놀기도 하고 함께 자기도 했다.

하루는 아이들이 밖으로 놀러 나가면서 새끼 고양이를 데리고 나갔다. 바람이 길가의 지푸라기들을 흩날리게 하자, 새끼 고양이는 지푸라기를 가지고 장난을 쳤다. 아이들은 그 모습을 보며 즐거워했다. 그렇게 놀던 아이들은 싱아를 발견

하고 그것을 뜯으러 가느라고 새끼 고양이를 깜박 잊었다.

아이들은 누군가 큰 소리로 외치는 소리를 들었다.

"서! 서란 말이야!"

한 사냥꾼이 빠른 속도로 뛰어가고 있었다. 그 앞으로는 사냥개 두 마리가 새끼 고양이를 보고 달려들고 있었다. 아무것도 모르는 새끼 고양이는 도망가기는커녕 바닥에 웅크리고 앉아서 등을 활처럼 휘게 만든 채 개를 노려보고 있었다. 까짜는 개를 보고 너무 놀라 비명을 지르고 도망을 갔다. 하지만 바샤는 새끼 고양이를 향해 뛰어들었다. 개들은 새끼 고양이를 물려고 했지만 바샤가 품에 새끼 고양이를 안았다.

곧 뒤따라온 사냥꾼이 개들을 쫓아버렸고, 바샤는 새끼 고양이를 데리고 집으로 돌아왔다. 그 이후로 바샤는 더 이상 새끼 고양이를 데리고 밖으로 나가지 않았다.

늙은 말

우리 동네에는 삐멘이라는 이름의 아주 연세가 많으신 할아버지께서 살고 계셨다. 할아버지의 나이는 90살이었다. 할아버지께서는 손자의 집에서 특별히 하는 일 없이 살고 계셨다. 할아버지께서는 등이 많이 굽으셔서 지팡이에 의지해서 천천히 발을 움직이면서 걸어 다니셨다. 이빨은 하나도 남아 있지 않았고, 얼굴은 온통 주름투성이였다. 게다가 아랫입술이 항상 심하게 떨렸다. 말씀을 하실 때면 입술이 덜덜 떨려서 무슨 말씀을 하시는지 도저히 알아들을 수가 없을 정도였다.

우리 집에는 4형제가 있었는데, 모두들 말 타기를 좋아했다. 하지만 우리가 탈 수 있는 순한 말은 한 마리뿐이었다. 그 말은 나이가 아주 많았으며 이름은 보로녹이라고 했다.

하루는 말을 타도 좋다는 엄마의 허락을 받고 우리는 아저씨와 함께 마굿간으로 갔다. 그곳에서 마부가 우리를 말에 태워 주었다. 큰 형이 제일 먼저 탔다.

형은 한참 동안 말에서 내리지 않았다. 탈곡장까지 갔다가 정원을 한 바퀴 돌았다. 형이 돌아오는 모습이 보이자 우리는 모두 소리쳤다.

"뭐야, 빨리 달려와!"

그러자 큰 형은 발과 채찍으로 보로녹을 세게 때렸다. 보로녹은 우리 옆을 지나쳐 뛰어갔다.

큰 형 다음에는 둘째 형 차례였다. 둘째 형도 마찬가지로 오랫동안 말에서 내리지 않고 채찍으로 말을 빠르게 몰면서 산을 내려와 우리 옆을 지나쳐갔다. 둘째 형은 더 오래 타고 싶어 했지만 셋째 형이 빨리 말을 내놓으라고 졸라서 마지못해 내려왔다. 셋째 형은 말을 타고 탈곡장에 갔다가 정원을 벗어나서 마을을 한 바퀴 돌고는 산에서부터 마구간까지 쏜살같이 달려왔다. 우리가 서있는 곳까지 온 보로녹은 거칠게 코로 숨을 내쉬었고, 목과 어깨는 온통 땀에 젖어 더욱 까맣게 되었다.

드디어 내 차례가 되었고 나는 형들에게 내가 얼마나 말을 잘 타는지 보여주고 싶어서 있는 힘을 다해 '보로녹'을 재촉했다. 하지만 보로녹은 마구간에서 꼼짝도 하지 않았다. 내가 아무리 때려도 앞으로 나가려 하지 않고 오히려 슬금슬금 뒷걸음질을 쳐댔다. 나는 말이 너무 미워서 채찍과 발로 있는 힘을 다해 때렸다.

나는 말이 더 아파할 만한 곳을 찾아서 때리다가 그만 채찍이 부러졌고, 부러진 채찍으로 말의 머리를 때리기 시작했다. 하지만 보로녹은 여전히 달릴 생각도 하지 않았다. 그래서 나는 몸을 돌려 아저씨에게 더 강한 채찍을 달라고 말했다. 그러자 아저씨께서는 내게 이렇게 말씀하셨다.

"나중에 타자. 이제 그만 말에서 내려와야겠다. 이제 말을 그만 괴롭히자."

나는 화가 나서 말했다.

"뭐라고요? 나는 조금도 못 탔단 말이에요? 내가 얼마나 잘 달리는지 보여주고 싶어요! 제발 다른 채찍을 주세요. 말을 달리게 만들고 말거예요."

그러자 아저씨께서는 고개를 흔들며 말씀하셨다.

"아, 너는 정말이지 동정심이 없구나! 왜 말을 그렇게 못살게 굴려는 거냐? 그 말은 나이가 스무 살이나 되었단다. 나이가 많아서 이제 숨도 제대로 쉬지 못하는 게 보이지 않냐? 사람으로 치면 삐멘 할아버지처럼 나이가 많단 말이야.

네가 그 할아버지 위에 올라타서 채찍으로 때려 할아버지를 강제로 달리게 하는 것이나 마찬가지란 말이다. 그래, 네가 그렇게 한다면 할아버지가 불쌍하지 않겠니?"

　나는 삐멘 할아버지를 떠올리며 아저씨의 말씀을 따랐다. 나는 말에서 내려와 말을 바라보았다. 보로녹의 옆구리는 땀으로 범벅이 되어 있었고, 콧구멍으로 간신히 숨을 쉬며 채찍으로 얻어맞아 털이 빠진 꼬리를 흔들고 있었다. 나는 말이 얼마나 힘들었는지 느낄 수 있었다. 그리고 예전에는 그 말에게도 지금의 나처럼 즐겁게 지냈던 시절이 있었을 거라는 생각도 했다. 나는 보로녹이 너무 불쌍하다는 생각

을 하고 땀으로 젖은 목에 뽀뽀를 하며 내가 때린 것을 용서해달라고 부탁했다.

어른이 된 나는 말들을 보면 언제나 불쌍하다는 생각을 한다. 그리고 사람들이 말을 괴롭히는 모습을 볼 때면 항상 보로녹과 삐멘 할아버지를 떠올리곤 한다.

길들인 참새 '활기찬 새'

우리 집 창문에는 겨울에 바람을 막기 위한 덧문이 있다. 여름이라 활짝 열려 있는 이 덧문과 벽 사이에 참새 한 쌍이 둥지를 틀고 다섯 개의 알을 낳았다.

나와 언니 그리고 여동생은 참새 한 쌍이 지푸라기와 작은 깃털 등을 물고 와서 그 곳에 작은 둥지를 만들기 시작할 때부터 지켜보았다. 그리고 어느 날 참새가 그 곳에다 알을 낳았을 때 우리는 너무나 기뻤다. 엄마 참새는 더 이상 작은 깃털이나 지푸라기를 가지러 날아가지 않고 알 위에 앉아서 꼼짝도 하지 않았다. 아빠 참새는 열심히 벌레를 잡아다 엄마 참새에게 먹여 주었다.

며칠이 지난 후에 우리는 덧문 쪽에서 쨱쨱거리는 소리를 들었고 참새 둥지에서 일어난 일들을 보게 되었다. 둥지 안에는 아주 조그맣고 배가 고픈 듯이 보이는 새끼 새 다섯 마리가 있었다. 그들은 날개도 없었고 깃털도 없었다. 그들의 부리는 노랗고 연약해 보였으며 머리는 몸에 비해 지나치게 커 보였다.

우리가 본 새끼들은 아주 이상하고 못생겼다. 새끼들을 보고 실망한 우리는 참새들에 대해서 많은 관심을 갖지 않게 되었다. 아주 가끔씩 그 참새 새끼들이 뭘 하는지 보려고 들여다보았을 뿐이다. 엄마 참새는 자주 새끼들만을 둥지에 놔두고 먹이를 구하러 날아갔다. 엄마 참새가 돌아오면 새끼 참새들은 짹짹거리며 작고 노란 부리를 벌린다. 그러면 엄마 참새는 벌레를 씹어 잘게 부순 후 아기들에게 나누어 주었다.

일주일 후에 조그맣던 참새 새끼들은 좀 더 자라 솜털이 생기고 한층 예뻐졌다. 그렇게 되자 우리는 다시 자주 참새들을 구경하러 가게 되었다. 우리는 아침에 일어나자마자 덧문 가까이 가서 참새들을 보고는 했다. 어느 날 엄마 참새가 숨을 거둔 채 덧문 근처에서 누워 있는 것을 보았다. 우리는 이 참새가 밤에 덧문에 앉아서 잠이 들었다가 그만 덧문이 바람에 닫히어 덧문에 치였을 것이라고 생각했다. 우리는 엄마 참새를 주워 들고 풀밭에 던져버렸다. 어린 참새들은 짹짹거리며 머리를 내밀고 작은 부리를 벌렸다. 하지만 아무도 새끼들에게 먹이를 주는 이가 없었다.

언니가 말했다.

"참새들한테는 이제 엄마가 없어. 아무도 먹이를 주지 않아. 우리가 참새들에게 먹이를 주자!"

우리는 즐거워하며 마분지로 만든 상자 속에 면으로 된 실을 깔고 그 위에 작은 새들이 들어있는 둥지를 놓은 뒤 방 안으로 가지고 들어갔다. 그 다음에 우리는 벌레들을 잡아 오기도 하고, 빵 조각을 우유에 적셔 참새 새끼들에게 먹여 주기도 했다. 새끼 참새들은 잘 받아먹으면서 작은 머리를 흔들어대었다. 그리고 상자의 벽에 작은 부리를 비벼 닦았다. 이 모든 것들이 무척 즐거웠다.

우리는 이렇게 참새들에게 먹이를 주며 하루 종일 아주 재미있게 참새들과 지냈다. 그러나 이튿날 아침에 우리가 상자 안을 들여다보았을 때 우리는 가장 작은 새끼 참새가 한 마리 죽어있는 것을 발견했다. 그 참새의 조그만 발이 종이 상자 속에 넣어둔 실에 감겨 있었다. 우리는 죽은 새끼 참새를 내버리고 실도 전부 끄집어내었다. 다른 참새들의 발이 걸리지 않게 하기 위해서였다. 그리고 상자 안에 풀잎과 이끼 등을 넣어 주었다. 하지만 그 다음 날에도 또 두 마리의 참새가 작은 날개를 펼친 채 입을 벌리고 눈을 감고 마찬가지로 죽어 있었다.

이틀 뒤에는 네 번째 참새가 죽었다. 그리고 한 마리만이 살아남았다. 우리가 먹이를 너무 많이 줬기 때문에 그렇게 되었다고 했다.

여동생은 참새가 계속해서 죽는 것을 보고 엉엉 울어댔다. 그래서 마지막 남은 참새는 언니 혼자서 먹이를 주기 시작했다. 나와 여동생은 옆에서 보기만 했다. 마지막 다섯 번째의 참새는 명랑하고 건강하고 생기발랄했다. 우리는 그 참새를 '활기찬 새'라고 불렀다.

'활기찬 새'는 무럭무럭 자라서 벌써 날아다니는 법을 익혔고 자기 이름까지도 알게 되었다.

언니가 '활기찬 새야, 활기찬 새야!' 하고 소리 내어 부르기라도 하면 이 참새는 언니의 어깨에, 머리에, 혹은 손에 날아와 앉았다. 그러면 언니는 참새에게 먹이를 주곤 했다.

참새는 이제는 다 자라서 먹을 것을 혼자 찾아다니기도

했다. 참새는 창고로 쓰는 방에서 살았다. 가끔씩 창문을 통해 날아가기도 했으나 언제나 상자 안에 위치한 자기의 보금자리에서 잠을 자기 위해 날아왔다.

어느 날 아침 참새는 상자에서 꼼짝도 않고 있었다. 참새 깃털은 축축하게 젖어 있었고 다른 참새들이 죽었을 때 그랬던 것처럼 날개를 넓게 펼치고 있었다. 여동생은 '활기찬 새'에게서 떨어지지 않고 돌보아주었다. 하지만 새는 먹지도 마시지도 않았다.

사흘 동안 참새는 앓다가 나흘 째 죽었다. 등을 대고 누운 채 참새가 죽어 있는 것을 발견했을 때 우리 세 자매는 엄마가 무슨 일이 생긴 줄 알고 놀라서 달려오실 정도로 크게 울어댔다. 탁자 위에 죽은 새가 놓여 있는 것을 보고 엄마는 우리가 왜 그렇게 슬퍼하는지 알게 되었다. 여동생은 며칠 간 먹지도 놀지도 않고 내내 울기만 했다.

우리는 '활기찬 새'를 가장 좋은 천 조각으로 감싸서 나무 상자 안에 집어넣은 다음 정원에 작은 구덩이를 파고 묻어주었다. 그런 다음 그 위에 작은 언덕 같은 무덤을 만들고 조그만 돌멩이 한 개를 올려놓았다.

야곱의 개

어떤 파수꾼에게 아내와 두 명의 아이가 있었다. 아들은 일곱 살, 딸은 다섯 살이었다. 그들의 집에는 털이 희고 눈이 커다란 털북숭이 개도 한 마리 있었다.

어느 날 파수꾼은 숲으로 일하러 가면서 아내에게 아이들을 집 밖으로 내보내지 말라고 일렀다. 밤새 늑대가 집 주위를 어슬렁거리다가 개에게 달려들었기 때문이다. 파수꾼의 아내는 아이들에게 말했다.

"얘들아, 오늘은 숲에 가면 안된다."

엄마는 이렇게 말하고 집안 일을 하기 시작했다.

엄마가 일하는 동안 오빠가 여동생에게 말했다.

"숲에 가자. 내가 어제 사과나무를 봤는데, 사과가 많이 열려 있었어."

여동생이 대답했다.

"그래, 가자."

그래서 남매는 숲으로 달려갔다.

엄마가 일을 마친 후 아이들을 찾았지만 아이들은 집에 없었다. 엄마는 대문 밖으로 나가서 큰 소리로 아이들을 불렀다. 아무 대답이 없었다. 남편이 집으로 돌아와 물었다.

"아이들은 어디 있소?"

아내는 아이들이 어디 갔는지 모르겠다고 말했다.

그러자 파수꾼은 아내를 야단치고 아이들을 찾으러 달려 나갔다.

갑자기 어디선가 개가 날카롭게 짖는 소리가 들려 왔다. 파수꾼이 소리가 나는 쪽으로 달려 가보니 아이들이 작은 나무 밑에 앉아 울고 있고, 늑대 한 마리가 개와 뒤엉킨 채 싸우고 있었다. 파수꾼은 도끼를 휘둘러 늑대를 쫓아버렸다. 그런 후에 아이들의 손을 잡고 집으로 달려왔다.

세 사람이 집으로 돌아오자 엄마는 대문을 잠갔다. 그리고 네 식구는 함께 저녁을 먹었다. 그런데 갑자기 대문 밖에서 개가 애처롭게 우는 소리가 들려왔다. 파수꾼의 가족은 대문 밖으로 나가 개를 집안으로 데리고 들어오려고 했다. 하지만 개는 온몸이 피투성이여서 걸을 수도 없었다. 아이들은 개에게 물과 빵을 가져다주었다. 그러나 개는 물도 마시지 않았고, 빵을 먹으려고 하지도 않았다. 아이들의 손을 핥기만 할 뿐이었다. 그러더니 몸을 엎드리고 누워서 더 이상 신음 소리를 내지 않았다. 아이들은 개가 잠이 들었다고 생각했다. 하지만 개는 더 이상 숨을 쉴 수 없게 된 것이다.

다이빙

사람들이 배를 타고 세계를 한 바퀴 돌고 고국으로 돌아오고 있었다. 날씨가 좋아서 사람들은 모두 갑판에 나와 있었다. 커다란 원숭이 한 마리가 사람들 사이를 왔다갔다하면서 놀고 있었다. 원숭이는 몸을 웅크리고 깡충거리며 이리저리 뛰어다니기도 하고 우스꽝스런 표정을 지으면서 사람들을 즐겁게 해 주었다. 원숭이는 사람들이 자기를 보고 즐거워한다는 것을 알고 신이 나서 더욱 까불어 대었다.

원숭이는 깡충 뛰어서 선장의 아들인 열두 살짜리 소년에게 다가가서 그의 머리에서 모자를 뺏어 쓰고 재빨리 돛대 위로 올라갔다. 모두들 웃음을 터뜨렸으나, 모자를 빼앗긴 소년은 웃지도 울지도 못하고 있었다.

원숭이는 돛대의 첫 번째 가름대에 앉더니 모자를 벗어 들고 이빨로 모자를 물어뜯기 시작했다. 원숭이는 소년을 놀리기라도 하듯이 그에게 손가락질을 하며 이상한 표정을 지었다. 소년은 큰 소리를 치면서 원숭이를 위협했지만, 원숭이는 아랑곳 않고 더 짓궂게 모자를 물어뜯었다. 선원들은 크게 웃어 댔다. 소년은 얼굴이 빨갛게 상기되어서 점퍼를 벗어 던지고 돛대에 앉아 있는 원숭이를 향해 빠르게 몸을 움직였다. 소년은 밧줄을 타고 순식간에 첫 번째 가름대로 올라갔다. 소년이 모자를 거의 잡았다고 생각하는 그 순간 원숭이는 소년보다 더 재빠르게 더 높은 곳으로 올라갔다.

"어디 한번 빠져 나가봐라!" 소년은 소리를 친 뒤 쫓아서 더 높이 올라갔다.

원숭이는 소년에게 손짓을 하면서 더 높이 올라갔다. 바짝 약이 오른 소년도 뒤쳐지지 않고 뒤를 쫓았다. 순식간에 원숭이와 소년은 거의 가장 높은 곳까지 올라갔다.

맨 꼭대기에서 원숭이는 몸을 길게 뻗어서 발로 밧줄을 잡은 채 마지막 가름대의 끝부분에 모자를 걸더니 돛대 꼭대기에 올라가서 몸을 웅크리고 이빨을 내보이며 즐거워했다. 돛대에서 모자가 매달려 있는 가름대 끝부분까지는 2미터가 넘었다. 그러므로 소년이 돛대와 거기에 걸려있는 밧줄을 잡은 상태로 가름대 끝 부분의 모자를 손으로 잡는다

는 것은 도저히 불가능했다.

하지만 소년은 매우 흥분한 상태였다. 소년은 돛대를 놓고 가름대를 따라 발을 움직였다. 원숭이와 소년이 벌이고 있는 일을 갑판 위에서 쳐다보고 웃던 사람들은 소년이 손에서 밧줄을 놓고 두 팔을 흔들거리며 가름대를 따라 걷기 시작하자 놀라서 숨을 죽였다.

소년이 한 발이라도 헛디딘다면 그는 갑판에 부딪혀 온몸이 산산조각이 날지도 모른다. 비록 소년이 발을 헛디디지 않고 가름대 끝까지 가서 모자를 집는다 해도 몸을 돌려서 돛대까지 되돌아오기는 힘든 일이었다. 모두들 숨소리도 내지 않고 소년을 바라보고 있었다.

사람들 속에서 누군가의 겁에 질린 비명소리가 갑자기 들렸다. 비명 소리에 정신이 든 소년이 아래를 내려다보고 비틀거렸다.

바로 그때 소년의 아버지인 선장이 선실에서 나왔다. 그는 갈매기 사냥용 총을 들고 나왔다. 그는 돛대 위에 있는 아들을 보더니 아들을 향해 총을 겨누며 외쳤다.

"바다로 뛰어! 당장 바다로 뛰어 내려! 안 그러면 네게 총을 쏜다."

균형도 제대로 잡지 못하고 있는 소년은 아버지를 이해할 수 없었다.

"뛰어내려! 안 그러면 쏜다! 하나, 둘……."

아버지가 "셋"하고 외치는 것과 동시에 소년은 머리를 아래로 향한 채 바다로 뛰어내렸다.

소년의 몸은 마치 대포알처럼 첨벙 소리를 내며 바다에 떨어졌다. 파도가 소년의 몸을 덮치기도 전에 스무 명의 젊은 선원들이 배에서 바다로 뛰어들었다. 모든 사람들에게 길게만 느껴졌던 사십여 초가 지나자 소년의 몸이 바다 위로 떠올랐다. 선원들은 소년의 몸을 건져서 배 위로 끌어 올렸다. 몇 분 후에 소년의 입과 코에서 물이 흘러나오더니 소년은 다시 숨을 쉬기 시작했다.

선장은 이 모습을 보더니 숨이 막혔던 사람저럼 갑자기 소리를 지르고는 선실 안으로 뛰어 들어갔다. 자신이 우는 모습을 아무에게도 보이고 싶지 않았기 때문이다.

여왕벌을 찾아준 소년

할아버지는 여름이면 양봉장에서 사셨다. 내가 할아버지께 가면, 할아버지께서는 꿀을 주시곤 했다.

어느 날 나는 양봉장에 도착해서 벌통 사이로 돌아다니기 시작했다. 나는 꿀벌을 무서워하지 않았는데 그건 할아버지께서 내게 꿀벌이 있는 곳에서 조용히 돌아다니는 법을 가르쳐 주셨기 때문이다.

꿀벌들도 낯이 익어서 나를 쏘지 않았다. 어느 벌집에서 나는 무언가 신음하는 것 같은 소리를 들었다. 나는 할아버지께서 계신 집으로 달려가서 그것에 대해서 말씀을 드렸다.

할아버지께서는 나와 같이 가서 직접 그 소리를 들어보시더니 이렇게 말씀하셨다.

"이 벌집에서는 이미 나이든 여왕벌과 함께 한 무리의 벌

떼가 날아가 버렸단다. 지금은 어린 여왕벌이 이끌고 있는 거란다. 이 소리는 젊은 여왕벌 하나가 무리를 모으는 소리란다. 그 벌들은 내일 다른 무리들과 함께 날아갈 거야."

나는 할아버지께 여쭈어보았다.

"어떻게 여왕벌들은 그렇게 할 수 있는 거지요?"

할아버지께서 말씀하셨다.

"내일 와 보거라. 틀림없이 벌들이 새로 무리를 만들 거다. 내가 너한테 그것도 보여주고 벌꿀도 주마."

다음날 양봉장으로 갔을 때, 할아버지께서 계신 그늘 막에는 새 벌통 두 개가 세워져 있었다. 할아비지께서 내게 그물을 뒤집어쓰라고 하시면서 손수건을 목에 동여매라면서 건네 주셨다. 그런 다음에 벌통 하나를 골라서 양봉장으로 가지고 가셨다. 나는 할아버지의 뒤를 따라갔다.

벌들이 있는 곳에서 할아버지는 비어있는 새 벌통의 뚜껑을 열고 벌들이 있는 벌통 옆에 놓으셨다. 할아버지께서는 벌들이 들어있는 벌통의 뚜껑을 여시더니 그 안에 있는 수펄들을 새 통 안으로 흔들어 떨어뜨렸다. 꿀벌들이 벌통 안으로 기어 들어가기 시작했다. 할아버지께서는 작은 빗자루를 써서 벌들이 빨리 움직이게 도와주셨다.

"이게 바로 여왕벌이란다."

할아버지께서 빗자루로 가리키시며 말씀하셨다. 나는 짧은 날개를 가진 기다란 벌 한 마리를 보았다. 그 벌은 다른 꿀벌들과 함께 새 벌통 안으로 기어들어가서 모습을 감췄다.

할아버지께서는 내가 쓰고 있던 그물을 벗겨내신 후 집으로 가자고 하셨다. 집에 들어가서 할아버지께서는 커다란 벌꿀 한 덩어리를 내게 주셨다. 난 뺨과 손에 온통 꿀을 묻혀가며 맛있게 먹었다.

내가 집으로 돌아왔을 때, 엄마가 말했다.

"이런 녀석, 얼굴이 온통 꿀투성이 구나"

그래서 나는 말했다.

"어제 내가 할아버지께 어린 여왕벌들이 있는 벌집을 찾아 드렸거든요. 그래서 지금 할아버지랑 함께 꿀벌 한 무리를 새 벌통에 넣어주고 왔어요. 그래서 벌꿀을 주신 거예요."

길들인 곰 이야기

니줴고로드스까야 마을에는 곰이 많았다. 사람들은 어린 곰을 잡아다 키워서 춤추는 것을 가르쳤다. 이렇게 춤을 가르친 곰을 사람들에게 구경시켜주면서 돈을 벌었다. 보통 한 사람은 곰을 조종하고, 다른 사람은 염소 모습을 하고 북을 치며 춤을 추었다.

한 남자가 곰 한 마리를 데리고 시장에 나타났다. 그의 조카는 염소 가죽과 북을 들고 그를 따라 왔다. 시장에는 사람들이 아주 많았는데 모두들 남자에게 돈을 내고 곰을 구경하러 왔다. 저녁에 남자는 곰을 데리고 술집에 가서 역시 곰에게 춤을 추게 했다. 그러자 사람들이 남자에게 돈을 주고, 술도 주었다. 남자는 술을 받아 마셨고, 자신의 조카에게도 술을 주었다. 남자는 큰 잔에 술을 가득 따라 곰에게도 마시게 했다. 밤이 되자 남자와 조카는 곰과 함께 들판으로 잠을 자러 갔다. 사람들이 곰을 자신의 집 마당 안에 들여놓는 것을 두려워했기 때문에 남자는 곰을 데리고 마을 밖으로 나가 나무 밑에서 잠을 자야만 했다. 남자는 곰의 목에 걸려 있는 쇠사슬을 자신의 허리띠에 묶고 잠자리에 들었다. 저녁에 마신 술에 약간 취해 있었기 때문에 남자는 곧 잠이 들었다. 남자의 조카도 잠에 빠졌다. 두 사람은 너무 깊이 잠이 들어서 아침까지 한 번도 깨지 않았다. 남자가 아침에 눈을 떠보니 옆에 있던 곰이 사라져버렸다. 남자는 얼른 조카를 깨우고 함께 곰을 찾으러 다녔다. 들판에는 풀이 높이 자라 있었기 때문에 풀을 따라 곰이 지나간 흔적이 남아 있었다. 곰은 들판을 가로질러 숲을 향해 갔다. 두 사람은 곰의 발자국을 뒤쫓아 갔다. 숲에는 나무들이 빽빽하게 자라 있어서 지나가기가 쉽지 않았다. 조카가 말했다.

"삼촌, 곰을 찾기 힘들겠어요. 찾는다고 해도 붙들 수 없을 거예요. 그냥 돌아가요."

하지만 남자는 조카의 말을 듣지 않았다.

"그 곰이 우리를 먹여 살렸어. 만약 우리가 곰을 찾지 못한다면 우리는 거지가 되고 말 거야. 나는 절대로 포기할 수 없어. 끝까지 곰을 찾고 말거다."

두 사람은 계속해서 앞으로 나아가다가 저녁 무렵에는 숲 속의 넓은 공터에 도착하게 되었다. 날이 어둑어둑해지기 시작했다. 남자와 조카는 너무 지쳐서 잠시 앉아서 쉬기로 했다. 그런데 갑자기 가까운 곳에서 쇠사슬이 짤랑거리는 듯한 소리가 들려왔다. 남자는 벌떡 일어서며 나지막한 소리로 말했다.

"곰이야. 몰래 다가가서 곰을 잡아야 해."

남자가 쇠사슬 소리가 들리는 쪽으로 다가가자 정말로 거기에 곰이 있었다. 곰은 두 발로 쇠사슬을 잡아당기며 자유로워지려고 애쓰고 있었다. 남자의 모습을 본 곰은 이빨을 드러내며 무서운 소리로 울부짖었다. 조카는 겁을 먹고 도망치려 했다. 하지만 남자는 조카의 손을 붙들고 함께 곰에게 다가갔다.

곰은 더 큰 소리로 으르렁거리며 숲으로 도망쳤다. 남자는 이런 식으로 곰을 잡을 수 없다는 것을 알게 되었다. 그 순간 남자는 조카에게 염소 가죽을 쓰고 북을 치며 춤을 추라고 말하고, 자신은 시장에서 많은 사람들에게 외치던 것과 같은 목소리로 곰에게 소리치기 시작했다. 그러자 곰이 갑자기 나무들 틈에 멈추어 서서 주인의 목소리에 귀를 기울이더니 앞발을 들고 빙글빙글 돌기 시작했다. 남자는 좀 더 가까이 다가가면서 계속해서 외쳤다. 조카도 계속해서 춤을 추며 북을 쳤다. 남자는 곰에게 바싹 다가가자 재빨리 달려들어 쇠사슬을 붙들었다. 그러자 곰은 으르렁거리며 도망치려고 했다. 하지만 이미 남자의 손에서 벗어날 수 없게 되었다. 남자는 다시 곰을 데리고 시장에 나가 사람들 앞에서 곡예를 시켰다.

나는 어떻게 말 타기를 배웠나

 도시에 살고 있을 때 우리는 날마다 공부를 했고, 일요일과 휴일에만 함께 산책도 하고 놀기도 하였다. 하루는 아버지가 "큰 애들은 이제 말 타기를 배워야 할 때가 된 것 같군. 애들을 승마연습장에 보내야 겠어."라고 말씀하셨다.

나는 삼형제 중의 막내였다. 그래서 "저는 배우면 안 되나요?"라고 물었다.

아버지께서는 "말에서 떨어질 텐데."라고 말씀하셨다.

나는 아버지께 말 타기를 배우게 해달라고 우는 목소리로 졸랐다.

아버지께서는 "그래. 너도 가거라. 단 말에서 떨어져도 울지 않겠다고 약속해라. 말에서 한번도 떨어져 보지 않은 사람은 말 타기를 배울 수 없어." 라고 말씀하셨다.

수요일이 되자 우리 삼형제를 승마 연습장에 데리고 갔다. 우리는 계단이 있는 커다란 문으로 들어가 계단이 있는 작은 문을 지나갔다. 작은 문의 반대편 계단 아래쪽에는 아주 커다란 실내 체육관 같은 것이 있었다. 하지만 바닥은 나무판자 대신 모래가 깔려 있었다. 이곳에는 어른들과 함께 우리 같은 아이들도 말을 타고 있었다. 이곳이 바로 승마 연습장이었다. 승마 연습장은 어두컴컴했으며 말한테서 나는 냄새가 났다. 그리고 채찍 내리치는 소리, 말에게 고함치는 소리가 들렸다. 말들은 말굽으로 나무로 덮인 벽을 차기도 했다.

나는 처음에는 너무나 놀라서 앞에서 일어나는 일을 제대로 볼 수 없었다. 잠시 후 우리 집 하인이 조마사를 불러서 "이 도련님들에게 말을 내주세요. 승마를 배우려고 합니다."라고 말했다.

"예 그러죠." 조마사가 말했다.

잠시 후 조마사는 나를 보더니 "이 도련님은 너무 어린 것 아닌가요?" 라고 말했다.

"말에서 떨어져도 울지 않겠다고 약속했어요." 하인이 말했다.

조마사가 얼굴에 미소를 띠고는 어디론가 갔다.

조금 지나서 그는 안장이 얹혀있는 말 세 마리를 끌고 돌아왔다. 우리는 외투를 벗고 계단을 따라 승마 연습장으로 내려갔다. 조마사는 말을 타고 빙빙 돌 수 있도록 하기 위해서 바닥에 고정된 밧줄에 말을 묶었고, 형들은 그 주위를 말을 타고 빙빙 돌았다.

처음에 형들은 말을 타고 천천히 움직이더니 곧 빠른 걸음으로 달리기 시작했다. 잠시 후 조그만 말을 데리고 왔다. 말은 붉은 색을 띠었고 꼬리는 잘려져 있었다. 말의 이름은 검둥이였다. 조마사는 얼굴에 미소를 띠운 뒤 "자, 기사님 앉으시죠."라고 내게 말했다.

나는 한편으로 기뻤지만 한편으로는 무서웠다. 하지만 아무도 내가 무서워한다는 것을 눈치 채지 못하도록 애썼다. 나는 한참 동안 발걸이에 발을 넣으려고 노력을 했지만 키가 너무 작아서 성공하지 못했다. 그러자 조마사가 나를 안더니 안장에 앉혀주었다. "도련님은 너무 가벼운데요. 일 킬로그램도 안될 것 같군요." 라고 말했다.

그는 나를 손으로 잡아주었다. 하지만 형들은 혼자서 타고 있는 것을 보고 날 잡아줄 필요 없다고 했다.

"안 무서워요?" 그가 물었다.

나는 무척 무서웠지만 무섭지 않다고 대답했다. 나는 무엇보다도 검둥이가 귀를 계속 쫑긋거리는 것이 무서웠다. 나는 혹시 나 때문에 말이 화가 난 것이 아닐까 생각했다.

조마사는 "떨어지지 않도록 조심하세요."라고 이야기한 뒤 손을 놓았다.

처음에 검둥이는 천천히 움직였다. 나는 몸을 곧추세웠다. 하지만 안장이 미끄러웠기 때문에 몸이 돌아갈까 봐 겁이 났다.

조마사가 "자 꼭 잡으셨나요?"라고 다시 물었다.

"꽉 잡았어요." 내가 말했다.

"그럼 빠른 걸음으로!" 그리고는 조마사가 혀로 딱딱 소리를 냈다.

검둥이는 빠른 걸음으로 달리기 시작했고 내 몸은 들썩거리기 시작했다. 하지만 난 내내 아무 말도 하지 않고 몸이 옆으로 돌아가지 않도록 노력했다. 조마사는 "기사님, 아주 훌륭해요!"라고 칭찬을 했다.

이 소리에 나는 마음이 뿌듯했다.

이때 조마사에게 동료가 다가와 말을 붙였다. 이야기를 나누는 동안 조마사는 나를 제대로 바라보지도 않았다.

순간적으로 나는 내 몸이 안장의 한 쪽으로 기울어졌다는 것을 느꼈다. 나는 몸을 바로 세우려고 했지만 잘 되지 않았다. 나는 조마사에게 말을 세우라고 소리치고 싶었지만, 그것이 부끄러운 일이라고 생각하여 소리치지 않았다. 조마사는 계속해서 나를 보지 않았다. 검둥이는 계속해서 빠른 걸음으로 달렸고, 내 몸은 계속해서 옆으로 기울었다. 나는 조마사를 바라보면서 그가 나를 도와주기를 빌었다. 하지만 그는 나를 보지 않은 채 동료와 계속해서 이야기를 하면서 건성으로 "훌륭해요, 기사님"이라고 이야기했다.

나는 이제 거의 완전히 기울어져 있었고 겁을 잔뜩 집어먹고 있었다. 곧 떨어질 것만 같았다. 하지만 소리친다는 것은 창피한 일이었다.

검둥이가 나를 한 번 더 흔들었을 때 나는 완전히 안장에서 미끄러져 땅으로 떨어졌다. 그러자 검둥이는 멈추어 섰고, 조마사는 고개를 돌려서 검둥이 위에 앉아 있어야 할 내가 없다는 것을 알았다.

"이런! 나의 기사님께서 떨어지셨군요." 라고 이야기하며 내게 다가왔다.

내가 다친 데가 없다고 그에게 이야기하자 그는 얼굴에 미소를 띠운 뒤 "아이들 몸은 유연하죠."라고 이야기했다.

하지만 나는 울고 싶었다.

나는 한 번 더 말을 태워 달라고 부탁했고 그는 그렇게 해 주었다. 그리고 나는 더 이상 떨어지지 않았다.

우리는 그렇게 일주일에 두 번 승마 연습장에서 말을 탔으며 나는 곧 말 타기를 잘하게 되었고 더 이상 두려워하지 않게 되었다.

불까

나에게는 작은 사냥개가 한 마리 있었다. 이름은 '불까'였다. 불까는 몸 전체가 까맣고 앞발 끝만 하얀 색이었다.

사냥개들은 보통 아래턱이 위턱보다 길어서 입을 다물면 윗니가 아랫니 뒤로 들어가게 된다. 불까도 그렇다. 하시만 불까는 아래턱이 유난스럽게 더 많이 튀어나와서 윗니와 아랫니 사이에 손가락을 끼워 넣을 수 있을 정도였다. 불까는 넓적한 얼굴에, 크고 빛나는 검은 눈을 지니고 있었다. 엄니를 포함한 이빨 전체가 늘 밖으로 드러나 있어서 흑인을 떠올리게 했다. 온순해서 사람을 물지는 않았지만, 매우 강하고 고집이 셌다. 한 번 무언가를 물면 절대로 놓아주지 않았다.

한 번은 곰과 싸운 적이 있는데 곰의 귀에 달라붙어 거머리처럼 물고 늘어졌다. 곰은 앞발로 불까를 내리치기도 하고, 두 발로 꽉 잡고 이쪽저쪽으로 흔들어 댔지만 그래도 떨어지지 않았다. 최후의 수단으로 불까를 깔고 그 위에 누워버렸다. 하지만 불까는 여전히 곰을 놓아주지 않았다. 불까가 정말 죽을까 봐 걱정이 된 내가 찬물을 끼얹어서 간신히 둘을 떼어 놓았다.

　나는 불까가 새끼였을 때부터 직접 키웠다. 어느 날 나는 까프까즈(러시아 남부의 산악지대)로 떠나게 되었고, 혼자 갈 생각으로 불까를 우리에 가두어 놓고 조용히 길을 떠났다. 첫 번째로 도착한 역참에서 마차의 말을 갈려고 잠시 머물고 있었을 때 나는 저 멀리서 뭔가 시커멓고 번쩍이는 물체가 빠른 속도로 달려오는 것을 보았다. 그것은 바로 구리로 만든 목걸이를 건 불까였다. 불까는 거의 날아오다시피 내가 있는 역참까지 달려왔다. 그리고 내 품으로 뛰어 들어 내 손을 핥고 나서 짐마차 밑의 그늘에 몸을 쭉 펴고 쓰러져버렸다. 불까는 혀를 앞으로 내밀고 헐떡이다가 혀를 말아 넣더니 침을 꿀꺽 삼키고 다시 혀를 내밀고 헐떡거리는 행동을 반복했다. 제 때 숨을 쉬지 못하고 서두르느라 배가 펄떡펄떡 뛰었다. 불까는 그러는 동안에도 꼬리를 계속 흔들면서 땅을 때려댔다.

나중에 들어보니 불까는 내가 떠난 뒤에 곧바로 우리를 부수고 뛰쳐나왔다고 한다. 그리고 곧바로 나의 자취를 쫓아 한 여름의 무더위 속에서 무려 21킬로미터를 한번도 쉬지 않고 전속력으로 뛰어왔던 것이다.

불까와 멧돼지

한번은 까프까즈에서 멧돼지 사냥을 나갔다. 당연히 불까도 내 뒤를 따라왔다. 사냥꾼들이 사냥을 위해서 가지고 있던 사냥개들을 풀어놓자 사냥을 한번도 못 해본 불까는 사냥개들을 쫓아서 아무 생각 없이 달려 나가더니 함께 숲 속으로 사라졌다.

11월이었다. 이맘때면 멧돼지들이 겨울 준비를 하느라고 토실토실하게 살이 올라있을 때이다.

멧돼지들이 사는 까프까즈의 숲 속에는 여러 가지의 맛난 열매들이 많이 열린다. 가을이 되면 야생 포도와 방울 열매들, 사과와 배, 검정딸기와 도토리, 그리고 산사 등이 풍성하게 익었다. 이 열매들이 완전히 익은 후에 추위로 인해 조금씩 상하기 시작할 때쯤 멧돼지들은 열매를 먹고 포동포동

살을 찌운다.

  11월에는 멧돼지의 몸에 지방이 많아져 개들에게 쫓기면 오래지 않아 지치게 된다. 두 시간 정도를 쫓기고 나면 숲 속 한가운데에 서서 개들을 노려보며 가만히 서 있는다. 사냥꾼들은 그때를 노려 멧돼지가 서있는 곳을 향해 총을 쏜다. 개들이 짖는 소리에 따라 멧돼지가 서 있는지, 아니면 달리고 있는지 알 수 있다. 멧돼지가 달려가고 있을 때에는 개들은 마치 누구한테 얻어맞기라도 하는 듯 찢어지는 소리로 요란하게 짖는다. 하지만 멧돼지가 서 있을 경우에는 낯선 사람을 보았을 때 그러는 것처럼 낮게 으르렁거리기만 한다.

  이번 사냥에서 나는 한참 동안 숲 속을 뛰어다녔지만 한 번도 멧돼지의 흔적을 발견하지 못했다. 그러다 마침내 사냥개들이 낮게 으르렁거리는 소리를 듣고 그쪽으로 달려갔다. 때마침 내가 근처에 있었던 것이다. 숲 한가운데에서 바스락거리는 소리가 들리고 있었다. 멧돼지와 사냥개들이 이리저리 움직이는 소리였다. 그런데 가만히 소리를 들어보니 개들이 멧돼지를 붙잡은 것이 아니라 주변을 빙빙 돌고 있는 듯했다. 그때 갑자기 뒤에서 뭔가가 바스락거리는 소리가 나서 돌아보니 조금 떨어진 곳에서 불까가 지나가고 있었다. 아마도 숲에서 사냥개들과 떨어져 길을 잃고 헤매다가 이제 소리를 듣고 나처럼 허겁지겁 이쪽으로 달려온 듯했다. 불까는 숲 속의 공터를 따라 높이 자란 풀들을 헤치며 뛰어가고 있어서 시커먼 머리, 그리고 하얀 이빨 사이로 빼물고 있는 혀만 간신히 보였다. 내가 큰소리로 불렀지만 불까는 두리번거리지도 않고 나를 앞질러 숲 속으로 몸을 감추었다. 나는 불까의 뒤를 쫓아 달려갔지만, 가면 갈수록 수풀이 우거진 곳만 나왔다. 나뭇가지들에 걸려 모자가 벗겨지고, 얼굴은 다 긁히고, 산사나무 가시들이 옷에 걸렸다. 사냥개들이 있는 곳에 거의 다 온 것 같았지만 아무것도 보이지 않았다.

갑자기 개들이 짖는 소리가 더 커졌다. 뭔가가 깨지는 소리를 냈고, 그러자 멧돼지는 거세게 숨을 헐떡이며 꿰엑꿰엑거렸다. 드디어 불까가 멧돼지를 찾아내서 맞붙어 싸우고 있는 것이라고 생각했다. 나는 젖 먹던 힘까지 다해서 풀숲을 헤치며 그쪽으로 달려갔다.

숲 한가운데 있는 공터에 도착해보니 몸이 알록달록한 사냥개가 서 있었다. 그 개는 제자리에 서서 소리 높여 울부짖고 있었고, 세 걸음 정도 떨어진 곳에서 뭔가 거무스름한 것들이 뒤엉켜 있었다.

 다가가 보니 멧돼지가 보였고, 불까가 귀청을 째는 듯 날카로운 소리로 짖어댔다. 멧돼지는 꿰엑꿰엑거리며 개에게 달려들고 있었고, 겁을 먹은 개는 꼬리를 말고 껑충 뛰어 한쪽으로 비켜났다. 나는 멧돼지의 배를 겨누어 총을 쏘았다. 총알이 명중하는 것이 보였다. 멧돼지는 째지는 소리로 꿰엑하고 울더니 내 옆을 지나 숲 속으로 달려갔다. 사냥개들이 요란하게 짖으며 멧돼지의 뒤를 쫓아갔고, 나 역시 개들을 뒤따라 달려가려고 했다. 그런데 갑자기 내 발 밑에서 뭔가가 보이는 듯했다. 불까였다. 불까는 배를 깔고 누워 낑낑거리고 있었다. 불까의 몸 아래로는 피가 흥건하게 고여 있었다. 그 순간, 내가 잘못 쏘았다는 것을 알았다. 하지만 그 당시에는 불까를 살펴볼 틈이 없었다. 여차하면 멧돼지를 놓치기 때문이었다. 그래서 나는 불까를 버려두고 멧돼지를 쫓아 달려갔다.

얼마 가지 않아서 나는 멧돼지를 발견했다. 사냥개들이 뒤에서 덮치자 멧돼지는 이쪽저쪽으로 몸을 움직였다. 그러다가 나를 보더니 나에게로 달려들었다. 내가 코앞에서 총을 쏘았더니 멧돼지의 뻣뻣한 털에 불이 붙어 타기 시작했다. 그러자 멧돼지는 비명을 지르며 그 육중한 몸을 비틀거리더니 '쿵' 소리를 내며 바닥에 쓰러졌다.

가까이 가보니 멧돼지는 이미 숨이 끊어진 채 몸이 부풀어 오르며 부르르 떨고 있었다. 그러나 개들은 털을 곤두세우고 어떤 놈들은 멧돼지의 배와 다리를 물어뜯고, 다른 놈들은 상처에서 흐르는 피를 혀로 핥고 있었다.

그때에서야 나는 불까를 떠올리고 녀석을 찾으러 갔다. 불까는 나를 보자 내 쪽으로 기어오며 신음 소리를 냈다. 나는 불까에게 다가가 앉아서 상처 난 곳을 자세히 살폈다. 배가 찢어져서 창자가 밖으로 나와서 나뭇잎들 위에 널브러져 있었다. 동료들이 다가왔고, 우리는 함께 불까의 창자를 뱃속으로 집어넣고 배를 꿰매주었다. 수술을 하는 동안 불까는 계속해서 내 손을 핥고 있었다.

멧돼지는 말의 꼬리에 묶어 숲에서 데리고 나왔고, 불까는 말 위에 태워 집으로 데려왔다. 불까는 6주 동안 치료를 받은 후에 건강해졌다.

꿩 사냥

 까프까즈에는 꿩이 너무 많아서 집에서 기르는 닭보다도 싼 값에 살 수 있다. 꿩 사냥에는 '삼베틀사냥', '미끼사냥', '개사냥' 등 세 가지 사냥 방법이 있다.

'삼베틀사냥'은 다음과 같이 한다.

우선 삼베를 틀에 팽팽하게 대고, 틀 중앙에 가름대를 설치한 후 삼베에 조그만 구멍을 뚫는다. 삼베를 댄 이 틀을 삼베틀이라고 부른다. 노을이 지면 이 삼베틀과 총을 들고 숲으로 간다. 삼베틀을 자기 몸 앞에 세우고 구멍을 통해서 꿩을 관찰한다. 꿩들은 노을이 지면 초원에서 먹이를 먹는다. 때로는 한 가족이, 즉 어미꿩과 새끼 꿩들이. 때로는 수꿩과 암꿩이, 때로는 몇 마리의 수꿩들이 모여 있다.

사람을 보지 못한 꿩들은 삼베를 무서워하지 않기 때문에 삼베틀이 가까이 다가와도 신경을 쓰지 않는다. 적당한 거리가 되면 사냥꾼은 삼베틀을 세워 놓은 뒤, 조그만 구멍에 총구를 넣고 원하는 녀석을 골라서 쏘기만 하면 된다.

'미끼사냥'은 이렇게 한다.

마당에서 키우는 개를 숲에 풀어놓고 그 뒤를 쫓아간다. 개가 꿩을 발견하면, 개는 꿩을 덮치려고 한다.

꿩은 나무 위로 올라가고, 개는 꿩을 향해 짖어대기 시작한다. 이때 사냥꾼이 개가 짖는 쪽으로 다가와 나무에 앉아 있는 꿩을 총으로 쏜다.

만약 꿩이 아무 것도 없는 자리에 앉는다든가, 잘 보이는 나뭇가지에 앉아 있다면 이 사냥은 매우 쉽다. 하지만 꿩은 항상 울창한 나무에 앉아 있다가 사냥꾼이 다가오는 것을 눈치 채면 전혀 보이지 않게 가지 사이로 숨는다. 꿩이 앉아 있는 나무까지 가기도 어려울 뿐만 아니라 꿩을 발견하는 것도 쉬운 일이 아니다. 개 혼자 꿩을 향해 짖어 대면, 꿩은 개를 무서워하지 않고 나뭇가지에 앉아서 날개를 퍼덕이며 꿩꿩거린다. 하지만 꿩은 사람을 보면 즉시 나뭇가지 뒤로 교묘하게 몸을 숨긴다. 경험이 많은 사냥꾼만이 나뭇가지와 꿩을 구분할 수 있고, 그렇지 않은 사람은 바로 그 옆에 있으면서도 아무 것도 발견하지 못한다.

　이곳에 살고 있는 용맹스러운 까자크들은 꿩에게 몰래 다가갈 때 모자를 푹 눌러 쓰고 위를 쳐다보지 않는다. 꿩은 총을 든 사람을 무서워하지만 무엇보다도 사람의 눈을 제일 무서워하기 때문이다.
　'개사냥'은 다음과 같이 한다.
　사냥 훈련이 된 개를 데리고 꿩을 찾으러 숲으로 간다. 개는 저녁 무렵에 꿩들이 어떻게 움직였으며 어디서 먹이를 먹었는지 냄새로 정확하게 알아낸 후 정확하게 흔적을 쫓는다. 꿩들이 아무리 헷갈리게 해도 훌륭한 개는 꿩들이 먹이를 먹고 움직인 마지막 흔적을 발견한다. 꿩들의 흔적을 따라 계속 나아갈수록 개는 꿩의 냄새를 더 강하게 맡고 꿩이 앉아있거나 걸어 다니는 곳을 찾아간다. 개는 꿩이 가까이 있다는 것을 느끼게 되면 꿩이 놀라지 않도록 매우 조심스레 움직이기 시작한다. 그리고 멈추어 서서 꿩을 잡으러 뛰어나갈 준비를 한다. 개가 꿩이 있는 곳으로 아주 가까이 다가가게 되면 꿩은 날아오른다. 그때 사냥꾼은 총을 쏘면 된다.

밀똔과 불까

 나는 꿩을 잡기 위해 세터 견을 한 마리 구했다. 그 개의 이름은 밀똔이었다. 키가 크고 몸통에는 회색 반점이 있었다. 아래로 축 처진 두터운 입과 귀를 가진, 아주 강하고 영리한 사냥개였다. 불까하고도 서로 물어뜯지 않고 잘 지냈다. 사실 불까에게 덤비는 개는 한 마리도 없었다. 불까가 이빨을 드러내기만 해도 다른 개들은 꼬리를 감추고 한 쪽으로 물러섰다.

한 번은 밀똔과 둘이서 꿩 사냥을 나가려고 했다. 그런데 불까가 내 뒤를 쫓아 숲까지 따라왔다. 나는 불까를 쫓아 보내려고 했지만 아무리 애를 써도 내 말을 듣지 않았다. 그렇다고 불까를 집에 데려다 놓고 오자니, 이미 너무 멀리 나와 있었다. 그래서 설마 나를 방해하지는 않겠거니 하고 데리고 가기로 했다. 하지만 밀똔이 풀숲 속에서 꿩의 냄새를 맡

고 찾기 시작하자마자 불까가 앞으로 나서며 사방으로 뛰어다녔다. 불까는 밀똔보다 먼저 꿩을 낚아 채려고 애썼다. 풀 속에서 무슨 소리라도 들리면 펄쩍 펄쩍 뛰어 오르며 빙글빙글 돌았다. 하지만 불까는 후각이 좋지 않아서 한 번도 제대로 꿩의 흔적을 찾지 못했다. 그럴 때마다 밀똔을 쳐다보며 밀똔이 가는 곳을 따라 뛰어다녔다. 밀똔이 꿩의 흔적을 따라 움직이기만 하면 불까가 먼저 나섰다. 나는 불까를 불러 세우고 때려도 보았지만 아무 소용이 없었다. 그저 밀똔을 방해할 뿐이었다.

　오늘의 사냥을 망쳤다고 생각한 나는 집으로 돌아오고 싶었지만, 바로 그때 밀똔이 불까를 속일 수 있는 꾀를 생각해 냈다. 불까가 자기보다 먼저 뛰기 시작하자 밀똔은 자신이

쫓던 길을 버리고 다른 방향으로 달리며 뭔가를 찾는 척했다. 불까는 밀똔이 가는 대로 이리저리 허둥거렸고, 그러자 밀똔은 나를 쳐다보며 꼬리를 흔들고는 다시 진짜 흔적을 따라 가기 시작했다. 불까는 또다시 밀똔이 가는 쪽으로 돌아와 밀똔을 앞질러 뛰었고, 그러면 밀똔은 다른 방향으로 열 발짝쯤 걸어 불까를 속이고 다시 나를 제 길로 인도했다. 밀똔은 사냥하는 동안 내내 그런 식으로 불까를 속이며 사냥을 망치지 않게 했다.

거북이

한 번은 밀똔을 데리고 사냥을 하러 나갔다. 밀똔은 숲 근처에서 사냥감을 찾기 시작했다. 꼬리를 쭉 펴고, 귀를 쫑긋 세우고 킁킁거리며 냄새를 맡았다. 나는 소총을 장전하고 밀똔의 뒤를 따라 갔다. 나는 밀똔이 자고새나 꿩, 혹은 토끼를 찾았다고 생각했다. 그런데 밀똔은 숲으로 가지 않고 들판으로 갔다. 나는 밀똔의 뒤를 쫓아가면서 앞쪽을 두리번거렸다. 그러다 문득 밀똔이 찾은 것이 무엇인지 알게 되었다. 앞에서 모자 크기만 한 거북이 한 마리가 기어가고 있었던 것이다. 털이라고는 하나도 없는 짙은 회색 머리를 마치 절굿공이처럼 긴 목에 기대서 밖으로 쑥 내밀고 있었다. 거북이는 마찬가지로 털 하나 없는 발을 꼼지락거리며 움직였고, 등은 딱딱한 껍질로 덮여 있었다.

개를 본 거북이는 발과 머리를 등껍질 속으로 쏙 집어넣었다. 그러자 단단한 등가죽만 보이게 되었다. 밀똔은 거북이를 붙들고 물어뜯기 시작했다. 하지만 아무 소용이 없었다. 거북이의 배에는 등에 있는 것과 똑같은 단단한 껍질이 있었기 때문이다. 머리와 다리 그리고 꼬리는 없고 그 대신 몸통에 구멍만이 있을 뿐이었다.

나는 밀똔한테서 거북이를 빼앗아 자세히 들여다보았다. 거북이의 등에 어떤 모양이 그려져 있는지, 등의 껍질이 얼

마나 단단한지, 그리고 거북이가 그 속으로 어떻게 숨는지 알고 싶었다. 거북이를 손에 들고 등가죽과 배딱지 사이를 들여다보니 마치 지하실에서처럼 시커먼 것이 꿈틀거리는 게 보였다. 나는 거북이를 풀밭에 놓아주고 앞으로 나아갔지만 밀똔은 거북이를 두고 가고 싶지 않은지 이빨로 물고 내 뒤를 따라 왔다. 그런데 갑자기 밀똔이 깨갱거리며 거북이를 놓아 주었다. 거북이가 밀똔의 입 안으로 발을 넣어 혀를 할퀴었던 것이다. 화가 난 밀똔은 몇 번 큰소리로 짖더니 다시 거북이를 입에 물고 내 뒤를 따라왔다. 나는 다시 거북이를 놓아주라고 명령했지만 밀똔은 내 말을 듣지 않았다. 그래서 나는 거북이를 빼앗아 멀리 던져 버렸다. 거북이한테 화가 난 밀똔은 뭔가 복수를 하고 싶었던 것 같다. 밀똔은 다시 멀리 던져진 거북이에게로 달려가더니 앞발로 한쪽에 땅을 파서 거북이를 그 안에 밀어 넣고 흙을 덮어 버렸다.

거북이들은 육지에서도 살고, 물에서도 산다. 모기나 개구리들처럼 말이다.

거북이는 알을 통해 번식을 하는데, 알들을 오랫동안 땅 속에 묻어 두어 부화할 때까지 내버려 둔다. 시간이 지나면 알들이 마치 물고기 알처럼 갈라지면서 새끼 거북이가 나오게 된다.

거북이의 종류는 아주 다양하다. 거북이 중에는 손바닥만큼 작은 것들도 있고, 길이가 2미터, 무게가 320킬로그램 이상인 커다란 것들도 있다. 큰 거북이들은 보통 바다에서 산다.

거북이 한 마리는 봄에 수 백 개의 알을 낳는다. 거북이의 단단한 등가죽은 거북이의 갈비뼈이다. 사람과 다른 동물들에게는 갈비뼈가 몇 개로 나뉘어서 생기지만, 거북이의 몸에서는 갈비뼈가 하나로 붙어서 등가죽으로 자라게 되는 것이다. 재미있는 것은 모든 동물들에게는 갈비뼈가 몸 안에 있는데, 거북이에게는 갈비뼈가 몸 밖에 있고 그 밑에 살이 붙는다는 점이다.

불까와 늑대

내가 까프까즈를 떠날 무렵, 그곳은 여전히 전쟁 중이어서 호위병들 없이 밤중에 어디를 간다는 것은 위험한 일이었다. 그래서 나는 해가 뜨자마자 떠날 생각으로 잠을 자지 않기로 했다. 다행히 친구 한 명이 나를 배웅하러 와주어서 우리는 내가 묵고 있는 농가 앞 길가의 벤치에 앉아서 밤을 새며 이야기를 나누었다.

안개가 많이 낀 달밤이었다. 비록 안개 때문에 달은 보이지 않았지만 주위는 책을 읽을 수 있을 정도로 밝았다.

갑자기 길 건너편 누군가의 집에서 새끼 돼지가 빽빽거리며 우는 소리가 들려왔다.

친구가 말했다.

"이건 늑대가 새끼 돼지의 숨통을 조이는 소리야!"

나는 내가 묵고 있는 농가로 달려 들어가 이미 장전이 되어 있는 소총을 집어 들고 거리 반대편으로 뛰어 갔다. 모두들 소리가 들리는 마당 밖에 서서 내게 외쳤다.
"이쪽이에요!"
밀똔이 내 뒤를 따라 왔다. 분명 그 놈은 내가 총을 들고 사냥을 하러 간다고 생각했던 것이다. 불까는 짤막한 귀를 쫑긋 세우고 누구를 붙잡아오라는 명령을 기다리는 듯 분주하게 왔다 갔다 했다. 울타리로 다가가 보니 마당 저쪽에서 짐승 한 마리가 나를 향해 달려오고 있었다. 그것은 정말로 늑대였다. 늑대는 울타리 쪽으로 달려오더니 밀똔의 머리 위로 뛰었다. 나는 조금 떨어진 곳에서 소총을 쏠 준비를 했다. 늑대가 울타리를 지나 반대편 길로 뛰어 오르는 순간 나는 총구를 겨누고 방아쇠를 당겼다. 그런데 웬일인지 소총이 '틱' 소리를 내며 총알이 발사되지 않았다. 늑대는 멈추지 않고 그대로 길을 건너 달아났다. 밀똔과 불까가 늑대의 뒤를 쫓아갔다. 밀똔은 늑대를 바짝 쫓았지만 겁을 내는 듯 쉽게 덤벼들지 못했다. 불까는 그 짧은 다리로 빨리 달려보려고 애를 썼지만 역부족이었다. 우리 사람들도 늑대를 쫓아 있는 힘껏 달렸지만 늑대도, 개들도 우리의 시야에서 벗어나고 말았다. 다만 마을 한 편에 있는 개울 근처에서 개

짖는 소리와 날카로운 외침이 들려왔고, 안개 낀 달빛 사이로 먼지가 일면서 개들이 늑대를 바싹 쫓고 있다는 사실을 보여줄 뿐이었다. 우리가 개울 쪽으로 달려 가보니 늑대는 이미 사라졌고, 두 마리 개가 꼬리를 치켜들고 화난 표정으로 우리를 향해 다가왔다. 불까는 으르렁거리며 머리로 나를 툭툭 쳤다. 아마도 뭔가를 이야기하고 싶었지만, 말을 하지 못해서 그랬던 것 같다.

　개들을 이리저리 살피던 중에 불까의 머리에 작은 상처가 생긴 것을 보았다. 개울 앞에서 늑대를 따라 잡았지만 오히려 늑대한테 한 방 당했던 것 같다. 상처가 크지 않아 위험하지 않을 것이라고 생각했다.

　우리는 다시 오두막으로 돌아와 방금 일어난 일에 대해 이야기를 나누었다. 나는 소총이 불발된 것이 너무 분했다. 만일 총이 발사가 되었다면 늑대는 그 자리에서 얌전히 누워버렸을 텐데 말이다. 너무 아쉬웠다. 친구는 늑대가 마당 안에 까지 숨어 들어왔다는 것이 너무 이상하다고 말했다. 같이 있던 까자크인 노인이 놀랄 것 없다고 하면서, 그것은 늑대가 아니라 마녀였고, 그 마녀가 내 총에 마법을 걸었던 것이라고 말했다. 그렇게 우리는 이런 저런 이야기를 하고 있었다. 그런데 갑자기 개들이 모여들었다. 앞마당을 보니 아까 그 늑대가 다시 돌아와 있었다. 하지만 이번에는 우리가 소리를 지르자마자 재빨리 달아나는 바람에 개들조차 따라잡지 못했다.

까자크인 노인은 이 일이 있은 후에 그것이 늑대가 아니라 마녀라고 굳게 믿었다. 나는 나대로 그 늑대가 혹시 광견병에 걸린 것이 아닌가 하고 생각했다. 늑대가 한 번 그렇게 쫓겨난 후에 다시 사람들이 있는 곳으로 돌아온다는 말은 들어본 적도 본 적도 없기 때문이다.

만일에 대비해서 나는 불까의 상처에 화약을 조금 뿌리고 불로 지져 주었다. 화약에 뿌지직 하고 불이 붙으며 커다란 자국이 생겼다.

내가 상처 부위를 화약으로 지진 이유는 광견병 균이 핏속으로 들어가기 전에 소독하기 위한 것이었다. 만약 늑대의 침이 불까의 핏속으로 들어간다면 혈관을 따라 온몸으로 퍼져서 더 이상 치료할 수 없게 되리라는 것을 알았기 때문이다.

빠찌고르스끄에서
불까에게 생긴 일

나는 근무를 했던 곳에서 곧장 집으로 돌아가지 않고 빠찌고르스끄(까프까즈 북부에 위치한 도시)에 들러 그곳에서 두 달 동안 머물렀다. 밀똔을 까자크인 사냥꾼에게 선물하고, 불까만을 데리고 이곳으로 왔다.

러시아어로 다섯 개의 산이라는 뜻의 '빠찌고르스끄' 라는 지명이 생긴 이유는 이곳에 베슈타우 산이 있기 때문이다. '베슈' 는 타타르어로 '다섯' 이라는 뜻이고, '타우' 는 '산' 이라는 뜻이다.

이 산에는 뜨거운 유황 물이 흐르고 있다. 이 물은 펄펄 끓는 물처럼 뜨거웠으므로, 산 군데군데 물이 흐르는 곳에서는 언제나 김이 모락모락 피어오르고 있다. 사모바르(러시아어로 '자기 스스로 끓는 그릇' 이라는 뜻으로, 둥근 화병 모양의 커다란 주전자─옮긴이)처럼 말이다. 도시는 아주 쾌적했다. 산에서는 뜨거운 샘물이 흐르고, 산 밑으로는 '뽀드꾸목'이라는 작은 시냇물이 흐르고 있다. 산을 따라 숲이 우거져 있고, 그 주변에는 넓은 평야가 펼쳐져 있다.

　멀리로는 까프까즈의 지붕이라고 불리는 거대한 산들이 보였다. 이 곳에는 만년설이 있어서 일 년 열두 달 언제나 새하얗게 빛난다. 그 중에서 가장 큰 봉우리는 '엘브루즈'라고 불리는 봉우리인데 날씨가 맑은 날이면 사방 어디에서나 잘 보인다.

아픈 사람들이 온천수로 치료를 하기 위해 많이 찾아오기 때문에 온천장 위쪽으로는 정자나 지붕과 기둥만이 있는 간단한 건물들이 만들어져 있었고, 주위로는 정원과 오솔길들이 만들어져 있었다. 아침이면 음악이 연주되고, 손님들은 물을 마시거나 수영을 하고 산보도 한다.

도시 자체는 산 위에 만들어져 있고, 산 밑으로는 시골 마을이 형성되어 있다. 나는 이 시골 마을에 있는 작은 집에 머물렀다. 이 집에는 커다란 마당이 딸려 있고 창문 밖에는 작은 정원도 있다. 정원에는 가내 양봉시설이 마련되어 있다. 이곳의 벌통은 러시아식 통나무 벌통이 아니라 바구니로 만든 둥그런 벌통이었다. 벌들이 아주 온순해서 나는 매일 아침 불까와 함께 벌집들 사이에 편안하게 앉아 있곤 했다.

불까는 벌집들 사이를 돌아다니며 벌들을 보고 깜짝깜짝 놀라면서도 꿀 냄새를 맡기도 하고, 벌들이 날아다니는 소리를 듣기도 했다. 하지만 워낙 조심스럽게 걸어 다녔기 때문에 벌들을 방해하지 않아서 벌들이 불까를 전혀 건드리지 않았다.

어느 날 아침 나는 산에서 물을 길어온 후 집 앞의 작은 정원에 앉아 커피를 마시고 있었다. 불까는 귀 뒤를 긁적거리느라 목걸이를 절그렁거리고 있었다. 그 소리가 벌들의 신경을 건드릴까 봐 나는 불까의 목에서 목걸이를 벗겨 냈다. 잠시 후에 산 쪽의 도시에서 뭔가 무시무시하면서도 괴상한 소리가 들려왔다. 그것은 개들이 울부짖는 요란한 소리와 사람들이 내지르는 비명소리였다. 그 소리는 산에서부터 나기 시작하더니 조금씩 우리 마을 쪽으로 더 가까워졌다. 불까는 긁적이던 발을 내려놓고, 새하얀 이빨과 커다란 머리를 끝이 하얀 앞 발 가운데로 납작하게 내려놓고는, 혀를 입 속으로 집어넣은 채 늘 하던 대로 얌전하게 내 옆에 누워 있었다. 시끄러운 소리를 들은 불까는 무슨 일이 일어났다는 것을 깨달은 듯, 귀를 쫑긋 세우고 이를 드러내며 벌떡 일어나 짖기 시작했다. 소리가 더 가까워졌다. 도시 전체에서 개들이 으르렁거리며 날카롭게 짖어대는 소리가 들렸다. 나는 대문으로 나가서 밖을 살폈다. 집주인 여자도 다가왔다.

내가 물었다.

"무슨 일입니까?"

집주인이 말했다.

"감옥에 있는 죄수들이 돌아다니며 개들을 때리는 소리예요. 개들이 너무 많이 번식을 해서, 시 당국에서 시내에 있는 개라는 개는 모두 다 때려죽이라는 명령을 내렸다는 군요."

"그렇다면 불까도 붙잡히면 죽인다는 겁니까?"
"아니죠. 목에 줄을 매단 개들은 죽이지 말라고 했대요."
바로 그때 죄수들이 어느 새 우리 집 마당으로 들어서고 있었다.

맨 앞에는 군인들이 오고, 그 뒤로 쇠사슬에 묶인 네 명의 죄수들이 서있었다. 죄수 두 명은 손에 기다란 쇠갈고리를 들고 있었고, 다른 두 명은 몽둥이를 들고 있었다. 우리 집 대문 앞에서 죄수 한 명이 잡종 강아지 한 마리를 갈고리에 걸어 거리 한가운데로 끌고 갔다. 그리고 다른 죄수 하나가 그 개를 몽둥이로 때리기 시작했다. 강아지는 너무나 아파하며 비명을 질렀지만, 죄수들은 뭐라고 소리 지르며 큰 소리로 웃고 있었다. 쇠갈고리를 든 죄수는 강아지의 몸을 뒤집어 숨이 끊어진 것을 확인하더니 갈고리를 고쳐 잡고 다른 개가 더 있는지 보려고 주위를 두리번거리기 시작했다.

바로 그때 곰을 공격했을 때처럼 미처 말릴 사이도 없이 불까가 번개처럼 그 죄수에게 달려들었다. 그 순간 나는 불까의 목에서 줄을 빼놓은 것을 떠올리고 소리쳤다.

"불까, 이리 와!"

그리고 죄수들에게 불까를 때리지 말라고 외쳤다.

하지만 죄수는 불까를 보고 큰 소리로 웃으며 갈고리를

쳐들더니 정확하게 불까의 넓적다리를 낚아채버렸다. 죄수는 옆으로 나가떨어진 불까를 자신의 몸 쪽으로 끌어당기며 다른 죄수에게 외쳤다.

"때려!"

다른 죄수가 몽둥이를 휘둘렀다. 거의 죽을 뻔한 상황에서 불까는 있는 힘껏 도망을 쳤다. 넓적다리의 살이 찢어졌지만, 불까는 꼬리를 움츠리고 피가 흐르는 다리를 끌면서 집안으로 들어가는 쪽문으로 쏜살같이 뛰어 들어갔다. 그리고는 내 침대 밑으로 숨었다.

다행히도 불까의 피부 가죽이 쇠갈고리를 막아 주어서 목숨은 구할 수 있었다.

불까와 밀똔의 최후

불까와 밀똔은 거의 같은 시기에 세상을 떠났다. 까자크인 노인은 밀똔을 돌볼 능력이 없는 사람이었다. 새를 사냥할 때만 데리고 나갔어야 하는데, 멧돼지 사냥에 데리고 다닌 것이다. 그 해 가을에 날카로운 송곳니를 가진 두 살 박이 숫놈 멧돼지가 밀똔을 물어뜯었다. 상처를 꿰매줄 수 있는 사람이 아무도 없어서 밀똔은 그만 목숨을 잃었다. 불까 역시 죄수들에게서 살아남은 지 얼마 안 되어 죽고 말았다. 죄수들한테서 도망친 후 불까는 심심해하면서 가까이 닿는 것이면 무엇이든지 핥기 시작했다. 내 손을 열심히 핥았지만, 이전처럼 그렇게 응석을 부리는 태도가 아니었다. 오랫동안 아주 세게 혀로 누르다가 나중에는 이빨로 아프게 꽉 물었다. 아마도 손을 물고 싶은 마음이 들었지만, 그렇게 하지는 못했던 것 같

다. 그 다음부터 나는 불까에게 손을 내주지 않게 되었다. 그러자 불까는 나의 장화와 식탁 다리를 핥기 시작했다. 그러더니 장화와 식탁 다리를 물어뜯기 시작했다. 이틀 동안 그런 행동을 하더니 삼일 째 되는 날 불까가 어디론가 사라져 버렸다. 그 뒤로 아무도 불까의 소식을 듣지 못했다.

누가 훔쳐갔을 리도 없고, 불까가 스스로 내 곁을 떠났을 리도 없었다. 불까가 사라진 것은 늑대에게 물린 후 6주가 지났을 때였다. 그렇다면 그 늑대가 광견병에 걸렸던 것이 분명했다. 불까는 광견병에 걸려 달아난 것이다. 동물들이 광견병에 걸리면 목에서 경련이 일어나고 물을 마시고 싶어도 마실 수가 없단다. 물을 마시면 경련이 더 심해지기 때문이다.

그렇게 되면 동물들은 통증과 갈증으로 인해 정신을 잃고 닥치는 대로 깨물기 시작한다. 불까에게도 경련이 일어나기 시작했던 것이 분명하다. 그래서 처음에는 내 손을 핥다가 차츰 내 손과 식탁 다리를 깨물게 된 것이다.

나는 주변을 샅샅이 뒤지며 수소문을 해보았다. 하지만 불까가 어디로 사라졌는지, 어떻게 죽었는지 전혀 알 수가 없었다. 다른 미친개들처럼 돌아다니며 닥치는 대로 물고 다녔다면 어디서든 소식을 들을 수 있었을 거다. 그렇다면 불까는 어딘가 인적이 없는 곳으로 도망쳐서 홀로 쓸쓸하게 죽은 것이 분명하다. 사냥꾼들에게 들어 보니, 영리한 개는 광견병에 걸리게 되면 들판이나 숲으로 달아나 자신이 숨을 만한 덤불을 찾아 이슬 사이를 구르며 스스로 치료를 한다고 한다. 그렇지만 불까는 치료를 하지 못한 것 같다. 불까는 돌아오지 않고 영원히 사라져 버렸다.

사냥꾼의 수기

우리는 곰 사냥을 나갔다. 사냥을 시작한 지 얼마 지나지않아 친구가 좋은 기회를 잡고 곰을 겨누어서 총을 쏘았지만 빗나가고 말았다. 곰은 가벼운 상처만을 입었다. 핏방울 몇 개만 눈 위에 떨어져 있었고 곰은 어딘가로 사라져 버렸다.

숲 안에서 우리는 어떻게 하면 좋을지를 모여서 이야기하기 시작했다. 우리는 지금 그 곰을 쫓아갈지 아니면 곰이 지쳐 쓰러질 때까지 3일 정도 기다릴지를 결정해야만 했다.

우리는 어떻게 하는 것이 좋은지 우선 곰 사냥꾼들에게 물어보았다. 나이가 지긋한 곰 사냥꾼이 말했다.

"안됩니다. 곰이 침착해질 때를 기다려야 합니다. 아마 5일 후면 잡을 수 있을 겁니다. 만일 지금 그 놈을 따라 간다면 놀라게만 만들 뿐 순순히 잡히지 않을 겁니다."

그렇지만 젊은 곰 사냥꾼인 데미안은 지금 따라잡을 수 있을 거라며 노인의 의견에 반대했다.

"이런 눈 속에서는 곰이 그리 멀리 갈 수 없을 겁니다. 살이 많이 찐 곰은 오래 버티지 못할 겁니다. 설사 쓰러지지 않았다고 해도 멀리 가지 못했을 겁니다. 스키를 타고 간다면 그 놈을 충분히 따라 잡을 수 있을 것입니다."

내 친구는 지금 곰을 따라가길 원하지 않았기 때문에 며칠 기다리자고 말했다.

내가 말했다.

"자, 말싸움 벌일 일이 뭐가 있나. 두 사람은 두 사람이 원하는 대로 하고 나는 데미안과 함께 흔적을 쫓아 가보겠네. 따라잡으면 좋고 그러지 않아도 밑질 것 없지. 어차피 마땅히 할 일도 없는데. 그리고 아직 그렇게 늦은 시간도 아니고."

우리는 그렇게 하기로 했다.

두 사람은 마을로 가기 위해 썰매가 있는 곳으로 갔고 데미안과 나는 먹을 것을 챙겨 숲에 남게 되었다.

두 사람이 떠나고 난 후 우리는 총을 점검하고 털외투의 혁대를 꽉 동여매고 곰의 흔적을 따라 나섰다.

날씨는 화창했다. 추웠지만 바람 한 점 없었다. 하지만 스키를 타고 가는 건 힘든 일이었다. 눈은 두껍게 쌓여 있었으며 끈기도 없었다. 숲에 쌓인 눈은 녹아서 가라앉지 않았을 뿐만 아니라 전 날 밤에 눈이 다시 내려서 스키는 20센티미터 정도씩이나 눈 속에 빠진 상태에서 움직였으며 어느 곳에서는 더 깊이 빠지기도 했다.

곰의 흔적이 멀리 보였다. 곰이 걸어간 발자국과 곳에 따라 앞 쪽으로 넘어져서 눈을 뒤집어 놓은 자국 등이 보였다. 우리는 흔적을 쫓아서 성큼성큼 앞으로 나아갔다. 흔적이 어린 전나무 숲 쪽으로 나 있을 때 데미안이 멈추어 서며 말했다.

"흔적은 이제 필요 없습니다. 분명히 이 근처 어딘가에서 쓰러질 것입니다. 몸이 아래로 많이 처졌어요. 눈에 난 흔적을 보면 알 수 있지요. 흔적에서부터 멀리 떨어져야 합니다. 저 놈이 움직일 수 있는 공간을 주어야 하거든요. 절대로 소리를 내어서는 안됩니다. 말을 하는 것은 물론 기침을 해서도 안됩니다. 그렇지 않으면 그 놈이 놀라서 달아나게 될 것입니다."

우리는 흔적으로부터 떨어져 왼편으로 갔다. 오백 걸음쯤 걸었는데 다시 곰의 흔적이 우리들 눈앞에 나타났다. 우리는 다시 흔적을 따라 갔다. 이 흔적을 따라가니 길이 나왔다. 우리는 길 앞에 멈추어 서서 곰이 어느 방향으로 갔는지 살펴보았다. 곰의 발자국이 아주 선명한 곳들도 있었고 그 발자국 아래로 스키 자국이 있는 것도 보였다. 마을로 간 것 같았다.

우리는 길을 따라 걷기 시작했다.

데미안이 말했다.

"이제 길을 살펴볼 필요도 없겠는데요. 길 왼편으로 갔는지 오른편으로 갔는지는 눈을 보면 알 수 있거든요. 어딘가에서 방향을 틀 테고 마을로 가지는 않을 겁니다."

우리는 그 길을 따라 약 1킬로미터 가까이 걸어갔다. 그러자 정말 기적처럼 곰이 길에서 벗어난 흔적이 앞에 보였다. 그런데 자세히 보니 그 흔적은 길에서 숲으로 난 것이 아니라 숲에서 길로 나 있었다.

내가 말했다.

"이건 다른 곰일 게야."

데미안이 보더니 생각했다.

"아닙니다. 이건 바로 그 놈이에요. 다만 속임수를 쓰기 시작했다는 것이지요. 그 놈은 뒷걸음치며 길에서 빠져나간 겁니다."

흔적을 따라가니 그 말이 정확히 맞았다. 곰은 열 걸음쯤 뒤로 걸어 길을 벗어나서는 소나무 숲으로 갔다가 방향을 바꾸어 곧장 걸어갔다.

데미안이 멈추어 서서 말했다.

"이제는 따라잡을 수 있을 것 같습니다. 이 늪지 말고는 더 이상 누워서 쉴 자리가 없거든요. 우리는 돌아서 가도록 하죠."

우리는 빽빽이 자란 전나무 숲으로 돌아서 걸어갔다. 나는 몹시 지쳐서 걷기가 점점 힘들어졌다. 노간주나무에 부딪히거나 옷이 걸리기도 하고 다리 사이로 작은 전나무가 깔리기도 하고 익숙지 않은 스키가 뒤집히기도 했으며 눈 밑의 그루터기나 통나무에 걸리기도 했다. 나는 뒤처지기 시작했다. 외투를 벗었다. 온몸에서 땀이 흘렀다. 그러나 데미안은 마치 배를 탄 것처럼 부드럽게 앞으로 나아갔다. 마치 그의 스키가 저절로 가는 것만 같았다. 넘어지지도 않았을 뿐 아니라 어디에 걸리지도 않았다. 그는 내 털외투를 자기 어깨에 둘러매고서 나를 재촉했다.

우리는 약 3킬로미터를 돌아서 늪지 반대편에 도착했다. 이미 나는 많이 뒤처져 있었다. 스키는 계속해서 뒤집혔고 발이 엉켰다. 갑자기 내 앞에 가고 있던 데미안이 멈추어 더니 손을 흔들었다. 내가 다가갔다. 데미안은 몸을 조금 숙

이고 작은 소리로 말했다.

"저기 보이시죠? 까치가 지렛대 위에서 울고 있잖아요. 새는 멀리에서도 곰의 숨소리를 들을 수 있죠. 바로 그 놈입니다."

우리는 서둘러서 갔다. 1킬로미터도 가지 않아서 우리는 다시 곰의 흔적을 찾아냈다. 이렇게 우리는 빙 둘러서 반대편으로 온 것이다. 곰은 우리가 빙 둘러온 그 곳의 중앙쯤에 있었다. 우리는 멈추어 섰다. 나는 모자도 벗고 단추도 모두 풀었다. 마치 사우나를 하는 것처럼 더웠고 물에 빠진 생쥐처럼 흠뻑 젖었다. 데미안의 얼굴도 붉어졌고 소매로 연신 얼굴을 훔쳤다.

"자, 이제 다 끝났습니다. 좀 쉬었다가 시작하죠."

이미 숲 사이로 태양이 붉어지기 시작했다. 우리는 쉬려고 스키 위에 앉았다. 주머니에서 빵과 소금을 꺼내었다. 나는 우선 눈을 한 움큼 집어 먹고 빵을 한 입 베어 먹었다. 얼마나 맛있는 빵인지! 내가 일생 동안 먹어본 빵 중에서 최고로 맛있었다. 우리가 앉아 있는 동안 주위는 어두워지기 시작했다. 나는 마을이 여기서 얼마나 떨어져 있는지 데미안에게 물어 보았다.

"네, 한 12킬로미터 정도 떨어져 있을 것입니다. 해가 뜨기 전에는 도착할 수 있을 겁니다. 하지만 지금은 좀 쉬어야 합니다. 외투를 걸치세요, 안 그러면 감기들 겁니다."

데미안은 전나무 가지를 잘라 눈 위에 깔면서 누울 공간을 만들었다. 우리는 머리 아래에 양손을 포개 받친 후 나란히 누웠다. 어떻게 잠이 들었는지 기억이 잘 나지 않는다. 두어 시간 후 나는 잠에서 깨었다. 무언가 부러지는 소리가 났던 것이다.

나는 너무 곤히 잠을 자서 내가 어디서 잠이 들었는지 잊어버렸다. 주위를 둘러보니, 이런 기이한 일이! 내가 어디 있는 거지? 내 위에 무언가 하얀 궁전이 있었다. 하얀 기둥들, 온통 반짝거렸다. 위를 쳐다보았다. 하얀 색 당초무늬와 그 사이에 검은 빛의 원형 천장, 그리고 색색의 불이 타고 있었다. 나는 주위를 둘러보고 내가 숲에 있으며 이것은 숲 속 나무들이라는 것과 서리 때문에 궁전처럼 보였다는 것을 알게 되었다. 그리고 그 불은 나뭇가지 사이로 반짝이는 별이었다.

밤사이 서리가 내렸다. 나뭇가지에도 내 외투에도 서리가 내렸다. 데미안도 온통 서리를 뒤집어쓰고 있었다. 나는 데미안을 깨웠다. 우리는 스키를 신고 출발했다. 숲은 조용했다. 부드러운 눈 위로 우리가 스키를 신고 가는 소리만 들릴 뿐이었다. 어디선가 추위 때문에 나무가 바스락거리다가 갈라지는 소리가 숲 전체에 울려 퍼졌다. 단 한번 어떤 생명체가 우리 가까운 곳에서 소리를 내더니 곧 도망쳐버렸다. 나는 곰이라고 생각하고 소리가 난 곳으로 다가가니 토끼의 흔적이 보였다. 그곳에는 갉아 먹힌 사시나무가 있었다. 토끼의 양식이었다.

우리는 길로 나와서 스키를 등에 묶고 걸어갔다. 걷기가 좀 수월해졌다. 다져진 길을 따라 가고 있는 우리들 등 뒤에서 스키가 요란한 소리를 내었다. 장화 밑의 눈이 뽀드득거리고 차가운 서리는 마치 솜털처럼 얼굴에 달라붙었다. 나뭇가지들 사이로 별들이 우리를 향해 달려오는 것만 같았다. 별들은 반짝이다가 사라지기를 반복했다. 하늘 전체가 쉴 새 없이 움직이는 것 같았다.

친구는 자고 있었다. 나는 그를 깨웠다. 우리가 어떻게 곰을 따라 잡았는지 이야기해주었다. 나는 집 주인에게 아침까지 몰이꾼들을 모아두라고 지시를 내렸다. 식사를 하고 잠자리에 들었다.

무척 피곤했기 때문에 누군가 나를 깨우지 않았다면 나는 그냥 계속해서 잠을 잤을 것이다. 하지만 친구가 나를 깨웠다. 벌떡 일어나 바라보니 친구는 이미 옷을 입은 채 총을 만지고 있었다.

"데미안은 어디 갔지?"

"데미안은 벌써 숲에 갔다 왔네. 포위망을 어떻게 해야 할지 살펴보고 여기로 뛰어 왔더군. 그리고 방금 몰이꾼들에게 채비를 하라고 지시를 내렸다네."

나는 세수를 하고 옷을 입고 총에 총알을 장전했다. 그리고 썰매를 타고 길을 나섰다.

추위는 여전히 지독했으며 주위는 조용했다. 안개가 짙게 깔려 있어서 해는 보이지 않았으며 밤사이 서리도 더 많이 내려 있었다.

길을 따라 3킬로미터를 가니 숲이 나왔다. 아래쪽에는 연기가 파랗게 피어오르고 사람들이 서 있는 것이 보였다. 몽둥이를 든 농민들과 아낙네들이었다.

썰매에서 내린 우리는 사람들 쪽으로 다가갔다. 농민들은 앉아서 감자를 구우며 아낙네들과 장난을 치고 있었다.

데미안도 그들과 같이 있었다. 사람들이 자리에서 일어났고 데미안은 어젯밤 우리가 돌아온 길을 따라 사람들이 둥글게 서도록 지시했다. 농민들과 아낙네들은 길게 일렬로 늘어섰다. 허리띠로만 식별이 가능했는데 그들은 모두 삼십 명이었다. 그들은 숲으로 들어갔다. 그리고 나는 친구와 함께 그들 뒤를 따라 갔다.

이들의 발자국으로 길이 다져지기는 했지만 그래도 걷기는 힘들었다. 대신 어디로도 넘어질 곳이 없었다. 마치 두 개의 벽 사이를 가는 것 같았다. 그렇게 우리는 500미터 정도를 갔다. 데미안이 다른 방향에서 스키를 타고 우리에게 달려오며 자기에게 오라고 손짓하는 것이 보였다.

그에게 다가가자 우리에게 위치를 알려주었다. 나는 데미안이 알려준 곳에 서서 주위를 둘러보았다.

내 왼편에는 키가 큰 전나무 숲이 있었다. 먼 곳에서 일어나는 일이 숲 사이로 보였다. 나무들 뒤로 몰이꾼 농부와 아낙네들이 힐끗힐끗 보였다. 내 앞 쪽에는 빽빽하게 자란 어린 전나무 숲이 있었다. 이곳의 전나무들은 사람 키만 했다. 전나무의 가지들에는 눈이 걸려 있었다. 전나무 숲 가운데로 눈 덮인 오솔길이 있었다. 그 길은 곧장 내게로 나 있었다. 내 왼편에도 빽빽한 전나무 숲이 있었고 그 숲 끝에는 평야가 있었다. 그 곳에서 데미안이 내 친구를 세워놓는 것이 보였다.

나는 총 두 자루에 총알을 장전해 놓고 어디에 서는 게 좋을 지 생각했다. 내 뒤로 세 걸음쯤 떨어진 곳에 큰 소나무가 있었다.

'소나무 옆에 서 있자. 총 한 자루는 소나무에 기대어 놓고.'

나는 소나무 쪽으로 다가갔다. 무릎 위까지 눈에 빠졌다. 나는 소나무를 중심으로 약 1미터 정도 되는 공간을 발로 다진 후 그 곳에 자리를 잡았다. 한 자루의 총은 손에 들고 다른 총은 장전을 한 상태로 소나무에 기대어 놓았다. 필요한 경우 쉽게 뺄 수 있다는 것을 상기하기 위해 단검을 빼었다가 다시 집어넣었다.

내가 자리를 잡자마자 숲에서 데미안의 외침이 들렸다.
"간다! 간다! 간다!"
데미안이 소리치자마자 농부들이 원으로 둘러서서 여러 가지 소리를 내기 시작했다. 농부들이 소리 질렀다. "간다! 우우우……"
아낙네들이 가녀린 목소리로 소리를 질렀다.
"아이! 이-이흐!"
곰이 둥근 원 안에 갇혔다. 데미안이 곰을 몰았다. 주위에서 사람들은 계속해서 소리를 질러댔고 나와 친구, 둘만 말 없이 서서 꼼짝도 하지 않고 곰을 기다렸다. 나는 선 채로 이 광경을 바라보며 내 심장이 강하게 뛰는 소리를 듣고 있었다. 총을 잡고 있는 나는 묘한 환희로 몸이 떨렸다. 곧 튀어 나올 거라는 생각을 했다. 조준해서 총을 쏘면 쓰러질 것이다……. 갑자기 내 왼편에서 무슨 소리가 났다. 뭔가가 눈 위로 넘어지는 소리였지만 아직은 먼 곳에서 나는 소리였다. 나는 키 큰 전나무 숲을 슬쩍 바라보았다. 오십 걸음쯤 떨어진 곳에 있는 나무 뒤에 무언가 커다랗고 시커먼 것이 서 있었다. 나는 총을 겨누고 기다렸다. 나는 녀석이 더 가까이 올 것인지 말 것인지 생각했다. 그 놈이 양쪽 귀를 움찔거리면서 뒤로 돌아서는 게 보였다. 옆에서 보니 그 놈의 몸 전체가 보였다. 커다란 놈이었다! 나는 흥분하여 총을 조준하였다. 탕 소리가 들렸다. 그러나 내 총알은 빗맞아서 나무에 가서 박혔다. 곰이 포위망 쪽으로 되돌아가 숲 뒤로 숨어버리는 것이 연기 사이로 보였다.

'이런, 이제 틀렸구나.' 하고 생각했다. '이제는 내게 달려오지는 않겠지. 친구가 쏘아 맞히든, 농부들 사이로 도망가든 하겠지, 내게 올 일은 없겠군.' 서서 나는 다시 총을 장전하고 귀를 기울였다. 사방에서 농부들이 소리를 질러댔다. 그런데 오른 쪽에 있는 친구로부터 멀지 않은 곳에서 어떤 아낙네가 엄청나게 크게 소리를 질렀다.

"여기요! 여기 있어요! 여기요! 이리로! 이리! 아악! 아-악!"

눈앞에 곰이 보였다. 나는 더 이상 곰이 내게 달려오기를 기다리지 않았다. 오른편의 친구를 바라봤다. 스키도 없이 폴을 들고 오솔길을 따라 친구에게 달려가고 있는 데미안이 보였다. 그는 친구 옆에 앉아서 마치 무언가를 조준하는 것처럼 폴로 그에게 무언가를 가리키고 있었다. 친구는 총을 꺼내 들고 데미안이 가리키는 곳으로 조준하였다. 탕 소리가 나고 연기가 피어올랐다.

나는 생각했다.

'음, 잡았군.'

그런데 친구가 곰을 잡으러 달려가지 않는 것이 보였다.

'빗맞았던지 잘 못 맞았군, 도망칠 거야. 이제 곰은 되돌아가겠군. 다시 내 쪽으로 튀어나오지는 않을 거야!'

그런데 이게 무슨 일인가? 갑자기 내 앞으로 누군가 빠르게 달려오는 것 같은 소리가 들렸다. 가까운 곳에서 눈이 흩날렸다. 누군가 숨을 헐떡였다. 나는 내 앞을 쳐다봤다. 빽빽한 전나무 숲 사이 길로 곰이 정면으로 나를 향해 쏜살같이 달려오고 있었다. 곰은 겁에 질려 아무것도 기억을 못하는 듯 했다. 다섯 걸음 앞에서 그 놈의 몸 전체가 보였다. 가슴은 검고 거대한 머리에는 붉은 반점이 있었다. 나를 향해 정면으로 머리를 들이밀며 달려왔다. 사방에서 눈이 흩날렸다. 곰이 나를 보고 있지 않다는 것을 내 눈으로 볼 수 있었다. 곰은 그저 놀라서 되는 대로 마구 달리고 있는 것이었는데 공교롭게도 내가 서있는 소나무를 향해 길이 나 있었던 것이다. 나는 총을 들고 쏘았다. 그렇지만 어느 결에 그 놈은 더 가까이 다가와 있었다. 총알은 빗맞아서 허공을 갈랐다. 그렇지만 곰은 여전히 아무것도 듣지 못하고 아무것도 보지 못한 것처럼 나를 향해 계속 달려왔다. 나는 총구를 숙였는데 녀석이 너무 가까이 와서 녀석의 머리에 총구가 닿

을 지경이었다. 탕! 그러나 총알은 빗나갔으며 곰이 죽지 않았다는 것을 나는 볼 수 있었다.

그 놈은 머리를 조금 들어올리고 두 귀를 꽉 누르고는 곧장 나를 향해 이를 드러내 보였다. 나는 다른 총을 잡으려고 했다. 그러나 총을 잡자마자 그 놈이 나를 향해 덮쳤다. 눈 위로 넘어졌다가 나를 가로 질러 뛰어 넘었다.

'휴, 놈이 나를 버리고 갔군, 다행이다.' 라고 생각하면서 나는 몸을 일으키려고 했다.

그런데 뭔가가 나를 놔주지 않고 짓누르고 있었다. 나를 뛰어 넘었던 곰은 뒤로 돌아서서 가슴 전체로 나를 덮쳤다. 내 위에 무언가 무거운 것이 누르고 있다는 것을 느낄 수 있었으며, 얼굴 위로 따뜻한 뭔가가 있는 것을 느꼈다. 곰이 내 얼굴을 통째로 입 안에 넣으려고 했다. 내 코는 벌써 그 놈의 입 안에 들어가 있었다. 놈에게서는 뜨거운 피 냄새가 났다. 그 놈은 발로 내 어깨를 누르고 있어서 나는 꼼짝도 할 수 없었다. 나는 간신히 머리를 숙이면서 녀석의 입 안에 들어갔던 내 코와 눈을 바깥으로 빼낼 수 있었다. 그러자 그 놈은 곧바로 내 눈과 코를 다시 물으려고 기회를 엿보았다. 그리고 천천히 위턱의 이빨로 내 머리카락 바로 아래의 이마를 물고, 아래턱의 이빨로 내 눈 아래의 광대뼈를 물었다.

이빨을 조이면서 압박을 가하기 시작했다. 마치 칼로 내 머리를 자르는 것 같았다. 나는 겁이 나서 빠져 나오려 했지만 그 놈은 마치 개가 물어뜯듯이 한층 세게 죄어들었다. 내가 빠져나오면, 놈은 다시 나를 붙잡았다. '이제 끝이구나' 하고 생각했다. 그런데 갑자기 내 위쪽이 가벼워졌다. 바라보니 그 놈이 없었다. 놈이 내게서 뛰어 내려 도망친 것이다.

곰이 나를 눈 위에 때려눕히고 물어뜯는 것을 보자마자 내 친구와 데미안이 재빨리 내게로 달려왔던 것이다. 친구는 좀더 빨리 오려고 다져진 길이 아닌 아무도 밟지 않은 곳을 달려오는 실수를 범했다. 그는 눈 속에 갇혀서 빠져나오는데 시간이 한참 걸렸고 그러는 동안 곰은 나를 물어뜯고 있었다. 데미안은 아까처럼 총도 없이 폴 하나를 들고는 길을 달려 내려와 소리 질렀다. "나리를 잡아먹는다! 나리를 잡아먹는다!" 그는 내달리며 곰을 향해 소리쳤다. "이 악당 놈! 무슨 짓을 하는 거야! 놔! 놔!"

곰이 그 소리를 듣고는 나를 놓고 도망을 쳤다. 내가 몸을 일으켰을 때, 눈 위에는 마치 양이라도 한 마리 잡은 것처럼 흥건히 피가 흘러 있었다. 내 눈 위쪽의 살덩이는 꼭 누더기처럼 찢긴 채 덜렁거리고 있었지만 그다지 아프지는 않았다.

친구가 달려왔고 사람들이 모여들었다. 내 상처를 보더니 눈으로 환부를 닦아 주었다. 그런데 나는 상처에 대해서는 잊어버린 채 질문을 했다.
"곰은 어디 있지? 어디로 도망갔지?"
갑자기 소리가 들렸다.
"이리로 온다! 이리 오고 있다!"
곰이 다시 우리를 향해 달려오는 게 보였다. 우리는 총을 움켜쥐었지만 아무도 총을 쏘지 못했다. 곰은 달려오다가 돌아서서 도망가 버렸다. 흥분이 기라앉지 않은 곰은 나를 또 물어뜯으려고 했지만 사람들이 많이 있는 것을 보고 놀라서 도망갔던 것이다. 곰이 남긴 흔적을 통해 곰이 머리에 피를 흘렸다는 것을 알 수 있었다. 쫓아가고 싶었지만 머리가 아파오기 시작해서 나는 의사가 있는 도시로 떠나야 했다.
의사는 비단 실로 내 상처를 꿰매었고 상처는 아물기 시작했다.
한 달 후 우리는 다시 그 곰을 잡으러 갔다. 곰은 포위망 안에 갇혀서 빠져나오지 못하고 계속 으르렁거렸다. 데미안이 그 놈을 잡았다. 내가 한 달 전에 쏜 총에 그 놈의 아래턱과 이빨이 부서져 있었다.

이 곰은 매우 거대했다. 검은 색의 멋진 털가죽을 가지고 있었다.

나는 이 놈을 박제로 만들어 우리 집 침실에 깔아 두었다. 내 이마에 난 상처는 다 나아서 그 자리만 조금 보일 뿐이었다.

제 3 부
현명함을 키워주는 동화

농부는 거위를
어떻게 나누어 주었나

어떤 마을에 가난한 농부가 살고 있었다. 하루는 주식인 빵이 떨어졌다. 그래서 빵과 바꿀 생각으로 거위 한 마리를 잡아서 요리를 해서 지주에게 가지고 갔다. 지주는 거위를 받아 들고 농부에게 말했다.

"그렇게 하지. 그런데 거위를 어떻게 나누어야 할지 모르겠는걸. 내게는 아내와 두 명의 아들, 그리고 두 명의 딸이 있다네. 어떻게 하면 사이좋게 거위를 나눌 수 있을까?"

"제가 나누어 드리지요."

농부는 칼을 잡고는 머리를 잘라 지주에게 주며 말했다.

"지주님께서는 집 안의 우두머리이시니 머리를 드리지요."

그 다음 엉덩이 부분을 잘라내고는 마님에게 주었다.

"마님은 집에 앉아 집을 보살피시니 엉덩이 부분을 드리지요."

그리고는 다리를 잘라 아들들에게 주었다.

"아버님의 길을 밟으실 테니 다리를 드리지요."

그리고 딸들에게는 날개를 주었다.

"아가씨들은 곧 집을 떠나실 테니 날개를 드리지요. 그리고 나머지는 제가 가져가지요."

그리고 자기는 남아 있는 거위를 전부 가졌다.

지주는 웃음을 터뜨리고는 농부에게 빵과 돈을 주었다.

지주가 가난한 농부에게 거위 값으로 후하게 빵과 돈을 주었다는 소식을 들은 부유한 농부가 이번에는 다섯 마리의 거위를 요리해서 지주에게 가져갔다.

지주가 말했다.

"고맙네. 그런데 우리 집에는 아내와 두 명의 아들과 두 명의 딸을 합쳐 모두 여섯 식구라네. 어떻게 하면 우리가 자네의 거위들을 공평하게 나눌 수 있을까?"

부유한 농부는 생각하기 시작했지만 아무 것도 생각해낼 수 없었다.

지주는 가난한 농부를 불러 나누어 보라고 했다. 가난한

농부는 거위 한 마리를 들고 지주와 지주 부인에게 주며 말했다.

"여기 나리와 마님 그리고 거위 모두 셋입니다."

한 마리는 아들들에게 주었다.

"그리고 여기도 셋이지요."

그리고 한 마리는 딸들에게 주었다.

"여기도 셋이고요."

그런데 자신은 거위 두 마리를 가졌다.

"이제 저도 거위와 함께 셋이 되었습니다. 모두 공평하게 되었지요."

지주는 웃음을 터뜨리며 가난한 농부에게 돈과 빵을 더 주었고, 부유한 농부는 내쫓았다.

커다란 벽난로

 어떤 사람이 커다란 집에서 아내와 단 둘이서 살고 있었다.

이 사람의 집에는 커다란 벽난로가 있었다. 겨울이 다가오자 그는 벽난로에 불을 때기 시작했다. 하지만 여름 내내 모아두었던 장작을 한 달 동안에 모두 태워 버렸다. 땔감이 떨어지자 집안이 썰렁해졌다.

그러자 그는 문을 부수고 뜯어낸 나무들로 벽난로를 피우기 시작했다. 문을 뜯어 태우고 나니 바람막이가 없어 전보다 더 추워졌다. 땔감이 없어지자 남자는 천장을 떼어내어 불을 지폈다. 집은 더욱 더 추워졌다. 이제 남자는 나무로 된 지붕을 허물어 불을 때기 시작했다.

그가 지붕을 뜯는 것을 본 이웃 사람이 말했다.

"이보게, 자네, 정신이 나갔나? 한 겨울에 지붕을 헐어버리다니! 자네나 자네 마누라 모두 얼어 죽겠네 그려!"
 그러자 그가 말했다.
 "무슨 소리야. 내가 지붕을 뜯어내는 것은 그럴까 봐 벽난로에 불을 피우기 위해서네. 우리 집 벽난로는 너무 커서 장작이 아주 많이 필요하거든."
 이웃 사람은 남자를 비웃으며 말했다.
 "지붕을 태워버리면 집을 부수겠다는 건가? 살 곳도 없이 벽난로 하나만 덩그러니 남게 될 거야. 그럼 벽난로도 결국 더 이상 못 때지 않겠나?"
 "글쎄 말이야." 그가 말했다. "남들은 모두 겨우내 땔 장작

을 충분히 가지고 있는데, 나는 이렇게 집의 절반을 태워버렸는데도 모자라니 말이야."

이웃 사람이 말했다.

"자네 집 벽난로만 고치면 되지 않나?"

그가 말했다.

"자네는 내 벽난로가 자네의 것보다 크니까 부러워서 그러는 거지! 그래서 내가 집을 허무는 것을 반대하는 거지!"

그는 이웃의 말을 듣지 않고 집을 모두 태워버렸다. 그리고 결국 남의 집에서 얹혀살게 되었다.

세 명의 도둑

 한 농부가 양 한 마리와 염소 한 마리를 팔기 위해 도시로 가고 있었다.

염소의 목에는 방울이 매달려 있었다.

세 명의 도둑이 농부를 발견했다. 그 중 한 도둑이 말했다.

"내가 염소를 훔치겠네. 농부가 눈치 채지 못하게 말이야."

다른 도둑이 말했다.

"그러면 나는 양을 훔치도록 하지."

세 번째 도둑이 말했다.

"그런 것쯤은 어려운 일이 아니잖아. 나는 농부의 옷을 몽땅 훔치겠네."

첫 번째 도둑은 몰래 염소에게 다가가 방울을 떼어낸 다음 그것을 양의 꼬리에 매달아놓고 염소를 데리고 들판으로 갔다.

길모퉁이에서 뒤를 돌아보던 농부는 염소가 없어진 것을 알고 두리번거리기 시작했다.

그때 두 번째 도둑이 다가와 농부에게 무엇을 찾느냐고 물었다.

농부는 염소를 도둑맞았다고 말했다.

두 번째 도둑이 말했다.

"내가 당신의 염소를 보았소. 지금 어떤 사람이 염소를 끌고 저 숲으로 막 들어가더군요. 빨리 쫓아가면 잡을 수 있을 거요."

농부는 염소를 뒤쫓아 가면서 도둑에게 양을 지켜달라고 부탁했다. 두 번째 도둑은 양을 끌고 노망쳤다.

농부가 숲에서 돌아와 보니 양마저도 사라지고 없었다. 농부는 울면서 길을 따라 걸어갔다.

연못 근처에서 농부는 어떤 사람이 울고 있는 것을 보았다. 농부는 그 사람에게 무슨 일로 우느냐고 물었다.

그 사람은 황금이 들어있는 자루를 도시로 운반하라는 명령을 받고 가던 길에 연못가에서 쉬다가 깜빡 잠이 들었는데, 잠결에 그만 자루를 물속으로 밀어 넣었다고 말했다. 농부는 그렇다면 왜 물속으로 들어가서 자루를 꺼내오지 않느

냐고 물었다.

그 사람이 말했다.

"나는 물을 무서워하고, 수영도 못한다오. 누구든지 자루를 꺼내 주는 사람에게 황금 스무 냥을 주겠소."

농부는 그 말을 듣고 기뻐하며 생각했다.

'내가 염소와 양을 도둑맞은 일을 보상해주기 위해 하느님께서 내게 행운을 내리셨구나.'

농부는 옷을 벗고 물속으로 들어갔지만 금이 들어 있는 자루는 보이지 않았다. 농부가 물에서 나와 보니 그의 옷은 이미 사라지고 없었다.

세 번째 도둑이 농부의 옷마저도 훔쳐가 버렸다.

공평한 유산 분배

어떤 상인에게 아들이 둘 있었다. 아버지는 큰아들만 사랑했기 때문에 자신의 유산을 모두 큰아들에게 물려주려고 했다. 어머니는 작은아들을 가여워 하며 재산을 나누어줄 때까지 자식들에게 그 사실을 알리지 말아 달라고 남편에게 부탁했다. 어머니는 어떻게든 두 아들에게 유산을 똑같이 나누어 주고 싶었다. 아버지는 어머니의 부탁대로 자신의 결심을 자식들에게 알리지 않았다.

어느 날 어머니는 창가에 앉아 울고 있었다. 지나가던 순례자가 다가와 어머니에게 왜 우느냐고 물었다.

어머니가 말했다.

"어떻게 울지 않을 수가 있겠어요? 저에게는 두 아들이 똑같이 소중한데, 남편은 한 아들에게 모든 것을 남겨주고, 다

른 아들에게는 아무것도 주지 않으려고 하니 말이에요. 제가 작은아들을 도와줄 수 있는 방법을 찾을 때까지 남편에게 자신의 결심을 말하지 말아달라고 부탁했답니다. 하지만 저에게는 돈이라고는 한 푼도 없으니, 이 일을 어찌해야 좋을지 모르겠네요."

순례자가 말했다.

"당신의 걱정은 간단하게 해결될 수 있는 문제입니다. 큰아들에게 재산을 모두 남겨주고 작은아들에게는 아무것도 주지 않겠다는 말씀을 해주세요. 그러면 모든 것이 공평하게 잘 해결 될 것입니다."

작은아들은 아버지가 자신에게 아무것도 남겨주지 않을 것이라는 사실을 알게 되자 다른 지방으로 떠나 기술과 학문을 익혔다. 그러나 큰아들은 아버지 곁에 살면서 아무것도 배우지 않았다. 자신이 부자가 될 것이라는 사실을 알았기 때문이다.

아버지가 돌아가시게 되자 아무 일도 할 줄 모르는 큰아들은 유산을 탕진했다. 하지만 작은 아들은 낯선 고장에서 돈을 모아 부자가 되었다.

현명한 재판관

알제리의 왕인 바우아카스는 어느 날 자신이 다스리는 도시들 중 한 곳에 대단히 현명한 재판관이 있다는 말을 듣게 되었다. 그 사람은 한 번 보기만 해도 바로 진실을 가려내기 때문에 어떤 사기꾼도 빠져나갈 수 없다는 것이었다. 왕은 신하들의 말이 사실인지 자신의 눈으로 확인하고 싶은 생각이 들었다. 그래서 바우아카스 왕은 상인으로 변장을 하고 재판관이 사는 도시를 향해 말을 타고 떠났다. 도시로 들어서는 길목에서 어떤 절름발이가 왕에게 다가와 돈을 달라고 했다. 왕은 그에게 적선을 하고 자신이 가던 길을 계속 가려고 했지만 절름발이는 왕의 옷자락을 붙들고 매달렸다.

"무엇을 더 원하지?" 바우아카스가 물었다. "자네가 달라는 대로 돈을 주지 않았나?"

"돈이야 주셨지요." 절름발이가 말했다. "한 가지만 더 부탁드리겠습니다. 저를 말에 태워서 광장까지 데려다 주세요. 여기 서 있다가는 말이랑 낙타들한테 밟혀 죽을까 봐 그렇습니다."

바우아카스는 절름발이를 뒤에 태워 광장까지 데리고 갔다. 광장에 도착한 바우아카스는 말을 세웠다. 그러나 거지는 말에서 내릴 생각을 하지 않았다.

바우아카스가 말했다.

"어서 내리지 않고 뭐하나? 다 왔잖아."

거지가 말했다.

"내 말에서 내가 왜 내려? 순순히 말을 내주지 않겠다면, 재판관한테 함께 가자."

두 사람이 싸우는 소리를 듣고 사람들이 모여들었다. 사정을 들은 사람들은 모두가 똑같이 말했다.

"재판관한테 가보시오. 재판관이 공정하게 옳고 그름을 판단해 줄 거요."

바우아카스는 절름발이와 함께 재판관에게 갔다. 법정에는 이미 많은 사람들이 있었고, 재판관은 판결을 기다리는 사람들을 차례대로 불렀다. 바우아카스의 차례가 오기 전에 재판관은 학자와 농부를 앞으로 불렀다. 그들은 한 여자를 두고 서로 자신의 아내라고 주장하고 있었다. 재판관은 그들의 말을 듣고 잠시 생각하더니 말했다.

"여자를 나에게 맡기고, 당신들은 내일 다시 오시오."

두 사람이 나가자 이번에는 정육점 주인과 기름 장수가 들어왔다. 정육점 주인은 피투성이였고, 기름 장수는 온통 기름 범벅이었다. 정육점 주인은 손에 돈을 쥐고 있고, 기름 장수는 정육점 주인의 손을 붙들고 있었다.

정육점 주인이 말했다.

"제가 이 자에게 기름을 사고 지갑에서 돈을 꺼냈습니다. 그런데 이 자가 제 손을 붙들더니 돈을 빼앗으려고 들지 뭡니까? 그래서 여기까지 오게 된 것이지요. 제 손에는 돈이 들려 있고, 저 자는 제 손을 붙들고 있다 이 말씀입죠. 돈은 제 것이니, 이 자는 도둑입니다."

그러자 기름 장수가 말했다.

"이 자의 말은 거짓말 입니다. 이 자가 기름을 사러 제 집에 왔습니다. 제가 단지에 기름을 가득 부어주니 이 자가 금화 밖에 가진 것이 없다고 했습니다. 그래서 제가 잔돈을 거슬러 주려고 돈 주머니를 선반에 올려놓았는데, 아 글쎄 이 자가 거기서 돈을 꺼내서 도망치려고 했습니다. 그래서 제가 이놈의 손을 붙들고 이리로 데리고 온 것입니다."

재판관은 잠시 말없이 앉아 있더니 이렇게 말했다.

"돈은 여기에 두고, 두 사람은 내일 다시 오시오."

바우아카스와 절름발이의 차례가 오자 바우아카스는 일의 자초지종을 이야기했다. 재판관은 그의 말을 다 들은 후에 절름발이에게도 자초지종을 물어 보았다.

절름발이가 말했다.

"저 자의 말은 몽땅 거짓말입니다. 제가 말을 타고 시내로 들어가려는데 저 자가 땅에 주저앉아서는 제게 말을 태워달라고 사정을 했습니다. 그래서 제가 저 자를 말에 태워서 원하는 곳까지 태워다 주었지요. 그런데 저 자가 말에서 내릴 생각을 안 하고 오히려 말이 자기 것이라고 떼를 쓰지 않겠습니까? 제 말이 있었던 그대로를 이야기한 깃입니다."

재판관은 잠시 생각을 하더니 말했다.

"말은 여기에 두고, 당신들은 내일 오도록 하시오."

다음날이 되었다. 재판관의 판결을 듣기 위해 사람들이 구름처럼 몰려왔다.

맨 먼저 학자와 농부가 재판관 앞에 섰다.

"당신의 아내를 데려가시오."

재판관이 학자에게 말했다.

그 다음에 재판관은 농부를 향해 말했다.

"농부에게는 곤장 50대의 벌을 내려라."

학자는 자기 아내를 데려 갔고, 농부는 벌을 받았다.

다음으로 재판관은 정육점 주인을 불러 말했다.

"돈은 당신 것이오."

그리고 재판관은 기름 장수를 가리키며 말했다.

"저 자에게는 곤장 50대의 벌을 내려라."

그런 다음 재판관은 바우아카스 왕과 절름발이를 불렀다. 재판관이 왕에게 물었다.

"당신은 말 스무 마리 중에서 당신 말을 찾아낼 수 있소?"

"물론입니다."

"그럼, 당신은?"

절름발이가 대답했다.

"물론입지요."

재판관이 왕에게 말했다.

"나를 따라 오시오."

그들은 마구간으로 갔다. 바우아카스 왕은 스무 마리의 말들 중에서 곧바로 자신의 말을 찾아냈다.

잠시 후 재판관은 절름발이를 마구간으로 불러서 그의 말을 가리켜 보라고 했다. 그 역시 자신이 탔던 말을 이내 알아보고 손가락으로 가리켰다.

잠시 후 재판관은 자리에 앉아 바우아카스 왕에게 말했다.

"말은 당신 것이오. 말을 가져가시오. 저 절름발이에게는 곤장 50대의 벌을 내려라."

재판이 끝난 후 재판관이 집으로 돌아가고 있을 때, 바우아카스 왕이 그 뒤를 따라갔다.

재판관이 물었다.

"왜 그러시오? 혹시 내 결정에 불만이 있소?"

바우아카스 왕이 말했다.

"아니요, 만족합니다. 다만 그 여자가 농부의 아내가 아니라 학자의 아내이고, 그 돈이 생선 장수의 돈이 아니라 정육점 주인의 돈이라는 것을 어떻게 알 수 있었는지 궁금해서 그렇습니다. 물론 저의 말을 찾아주신 것에 대해서도 알고 싶고요."

"여자에 대해서는 이렇게 알아냈습니다. 아침에 여자를 불러 내 잉크병에 잉크를 부어 놓으라고 시켰지요. 그 여자는 잉크병을 재빠르게 씻어서 잉크를 붓더군요. 아주 능숙한 손놀림으로 말입니다. 만약에 그 여자가 농부의 아내였다면 그렇게 하지 못했을 것입니다. 돈에 대해서는 이렇게 알아냈지요. 물이 담긴 컵에 돈을 담아두었다가 오늘 아침에 물에 기름이 뜨나 안 뜨나 살펴보았습니다. 기름을 파는 사람의 돈이라면, 기름 묻은 손 때문에 돈에 기름이 묻어 있었을 것입니다. 그런데 물에 기름이 뜨지 않더군요. 그러니 정육점 주인의 말이 옳았던 것이지요. 말에 대한 문제는 좀 어렵더군요. 절름발이는 당신과 마찬가지로 말 스무 마리 가운데서 한 눈에 자기 말을 가리켰어요. 그러나 내가 당신들을 마구간으로 데려간 것은 당신들이 말을 알아보는지 확인하기 위해서가 아니었습니다. 말이 당신들 중에서 누구를 알아보는지 확인하기 위한 것이었지요. 당신이 말에 다가가자 그 말은 당신을 향해 머리를 돌렸지만, 절름발이가 건드리자 말은 귀를 쫑긋 세우며 다리를 들어 올리더군요. 그것을 보고 당신이 말의 진짜 주인이라는 것을 알았습니다."

그러자 바우아카스 왕이 말했다.

"사실대로 말하자면, 난 상인이 아니라 이 나라의 왕인 바우아카스이니라. 내가 여기에 온 것은 사람들이 당신에 대해 말하는 것이 사실인지 아닌지 알아보기 위해서다. 이제 그대가 진정으로 현명한 재판관 이라는 것을 내 눈으로 확인하였도다."

형과 아우

형과 아우가 함께 여행을 떠났다. 한낮이 되자 형제는 숲 속에 누워 잠시 휴식을 취했다. 형제가 잠에서 깨어나 보니 자신들이 누워있던 곳 옆에 커다란 돌이 하나 놓여 있었다. 돌 위에는 뭔가가 잔뜩 씌어져 있었다. 형제는 돌 위의 글을 읽어보았다.

'이 돌을 발견하는 사람은 숲으로 가서 해가 뜨는 쪽을 향해 똑바로 걸어가라. 그렇게 가면 강이 나올 것이다. 헤엄을 쳐서 강을 건너가라. 그곳에서 새끼 곰을 데리고 있는 어미 곰을 발견할 것이다. 그러면 어미에게서 새끼 곰을 빼앗아 뒤돌아보지도 말고 곧장 산으로 달려가라. 산 위에 집이 한 채 있으니, 그 집에 가면 행운을 얻을 것이다.'

글을 다 읽고 나서 아우가 말했다.

"형님, 함께 갑시다. 우리가 이 강을 건너 새끼 곰을 산 위의 집으로 데려다 주면 함께 행운을 얻게 될 지도 모르잖아요."

그러자 형이 말했다.

"나는 안 가. 너에게도 가지 말라고 충고하고 싶구나. 그 이유는, 첫째, 이 돌에 씌어져 있는 내용이 사실인지 아닌지 아무도 알 수 없기 때문이다. 누군가 장난을 친 것일 수도 있고, 또 우리가 제대로 이해하지 못한 것일 수도 있지. 둘째, 만약에 이것이 사실이라고 해도, 우리가 숲 속으로 들어갔다가 날이 어두워져 강을 찾지 못하고 길을 잃을 수도 있지. 혹시 강을 발견한다고 해도 우리가 어떻게 강을 건너겠냐? 강폭이 넓고 물살이 빠를 지도 모르지 않냐? 셋째, 우리가 강을 건넜다고 치자. 어미에서 새끼 곰을 빼앗는 것이 어디 쉬운 일이냐? 어미 곰이 우리에게 덤벼들 테고, 그러면 우리는 행운을 얻기는커녕 여행이고 뭐고 다 망쳐버리고 말 것이다. 넷째, 우리가 새끼 곰을 무사히 빼앗아 온다고 해도 산꼭대기까지 쉬지 않고 달려가지는 못할 거야. 그리고 이 돌에는 가장 중요한 내용이 적혀있지 않아. 우리가 그 집에서 대체 어떤 행운을 얻는다는 것이냐? 우리에게 전혀 필요도 없는 행운이 우리를 기다리고 있을 지도 모르는 일이다."

그러자 아우가 말했다.

"내 생각은 달라요, 형님. 아무 이유 없이 돌 위에 이런 글을 써놓지는 않았을 거예요. 그리고 모든 내용이 분명히 이해할 수 있는 것이잖아요. 첫째, 적혀있는 대로 해본다고 해도 우리에게 해로울 것은 없잖아요. 둘째, 우리가 가지 않는다면 누군가 다른 사람이 이 글을 읽고 행운을 얻게 될 거예요. 그러면 우리는 아무것도 얻지 못하겠지요. 셋째, 노력하지 않는 자는 이 세상에서 아무 것도 얻을 수 없을 거예요. 넷째, 나는 사람들이 나를 겁쟁이라고 생각하는 것이 싫어요."

형이 다시 말했다.

"속담에도 있지 않니? '큰 것을 찾다가 작은 것을 잃는다' 그리고 '하늘을 나는 두루미가 품 안의 참새만 못하다' 고 말이야."

아우가 말했다.

"내가 들은 속담에서는 '구더기 무서워서 장 못 담그랴' 라고 하던데요. 그리고 '구르는 돌에는 이끼가 끼지 않는 법' 이라고 하고요. 내 생각에는 가는 게 좋을 것 같아요."

결국, 아우는 떠나고 형은 남았다.

아우는 숲으로 들어가서 금방 강을 찾았다. 헤엄을 쳐서 강을 건너니 강 언덕에 어미 곰이 있었다. 어미는 잠들어 있었다. 아우는 새끼 곰을 훔쳐서 뒤도 안 돌아보고 산으로 달려갔다. 쉬지 않고 달려 산꼭대기에 이르니 아주 많은 사람들이 달려 나와 아우를 반겨주었다. 그들은 화려한 마차에 동생을 태워 도시로 데리고 가서 왕으로 모셨다.

동생은 5년 동안 나라를 다스렸다. 6년 째 되던 해에 전쟁이 일어나 아우보다 더 힘세고 용맹스러운 사람이 왕이 되었다. 새로운 왕은 도시를 점령하고 아우를 내쫓았다. 아우는 다시 세상 여러 곳을 돌아다니다가 형에게로 돌아왔다.

형은 시골에서 평범하게 살고 있었다. 형제는 다시 만나게 된 것을 기뻐하며 지나온 삶에 대해 이야기를 나누었다.

형이 말했다.

"그것 보거라, 내 말이 맞았지. 나는 그 동안 조용하고 편안하게 잘 살았단다. 너는 비록 왕으로 살기는 했지만, 그 대신 힘든 일들을 많이 겪었잖아."

그러자 동생이 말했다.

"나는 그때 숲을 지나 산으로 간 것을 후회하지 않아요. 지금은 비록 전보다 안 좋아졌지만, 대신에 내게는 추억할 만한 삶이 있지요. 하지만 형님은 기억할 만한 일이 아무것도 없잖아요."

혼자서 움직이는 방아

 한 농부가 방아를 만드는 기술을 배워 바람과 물, 그리고 말 등으로 움직이는 방아를 만들게 되었다.

얼마 후에 농부는 물이나 바람, 말 등이 필요 없는 방아를 만드는 법을 궁리하게 되었다. 농부는 무거운 돌이 밑으로 내려가면서 그 무게로 바퀴를 돌리게 하고, 돌이 다시 위로 올라갔다 내려오면서 저절로 움직이는 방아를 만들고 싶었다.

농부는 지주에게 가서 말했다.

"제가 물이나 말이 없이 혼자서 움직이는 방아를 발명했습니다. 한 번만 돌아가게 해주면 그 다음부터는 멈출 때까지 혼자 힘으로 계속 돌아가는 것입니다. 다만 제게는 돈이 한 푼도 없어서 만들 엄두를 내지 못하고 있답니다. 나리,

제게 300루블(러시아의 돈-옮긴이)만 주시면 당장에 방아를 만들어 드리겠습니다."

지주는 농부에게 글을 아느냐고 물었다.

농부는 모른다고 말했다.

그러자 지주가 말했다.

"만약에 자네가 글을 안다면 내가 방아의 원리를 가르쳐 주는 책을 줄 텐데 말일세. 그 책을 보면 자네가 말하는 방아를 만드는 일은 절대로 불가능하다는 것을 알 수 있다네. 많은 학자들이 소위 혼자서 움직이는 방아를 만들려고 고민하다가 그만 미쳐 버린 일도 있단 말일세."

농부는 지주의 말을 믿지 않고 말했다.

"나리께서 읽으신 그 책에 씌어져 있는 내용은 모두 엉터리입니다. 어떤 학자가 도시의 한 상인에게 탈곡기를 만들어 주었는데 완전히 엉터리였습니다. 제가 비록 까막눈이기는 하지만 그 기계를 한 번 들여다보고 제대로 고쳐서 훌륭한 탈곡기로 만들어 놓았습니다."

지주가 말했다.

"돌이 떨어진 다음에 어떻게 다시 그 돌을 들어 올릴 텐가?"

농부가 말했다.

"바퀴가 돌아가면서 저절로 올라가겠지요."

지주가 말했다.

"올라가기는 하겠지만, 조금밖에 안 올라가겠지. 다음번에는 더 조금 올라갈 테고. 어떤 바퀴에 매달아놓더라도 말이야. 그것은 마치 썰매를 타고 높은 산에서 낮은 곳으로 미끄러져 갈 수는 있지만 낮은 곳에서 산꼭대기로 올라갈 수는 없는 것과 똑같은 이치란 말일세."

농부는 지주의 말을 듣지 않고 상인을 찾아 가서 물과 말이 없이도 혼자서 움직이는 방아를 만들어주겠다고 약속했다.

상인은 농부에게 돈을 주었다. 농부는 300루블을 다 써버렸지만 그가 고안한 방아는 움직이지 않았다.

하지만 농부는 방아를 만들겠다는 고집을 끝내 버리지 않고 가지고 있던 모든 재산을 팔아버렸지만 성공을 할 수 없었다.

상인이 말했다.

"말이 끌지 않아도 혼자서 움직이는 방아를 당장 내 눈 앞으로 가져오든가 내 돈을 당장 돌려주든가 하게."

농부는 지주를 찾아가서 자신의 걱정을 털어 놓았다.

지주는 농부에게 돈을 주며 말했다.

"그러지 말고, 우리 집에서 일을 하게나. 단, 물이나 말의 힘으로 돌아가는 방아를 만들어 주게. 그 방면에는 자네가 가장 뛰어난 사람이니 말이야. 하지만 앞으로는 자네보다 똑똑한 사람들이 성공하지 못한 일을 하겠다고 나서지 말아야 하네."

왕과 농부

 어떤 왕이 자신이 살 궁전을 짓고 그 앞에 아름다운 정원을 만들었다. 그런데 정원으로 들어오는 입구 한가운데는 초라한 농가 한 채가 있었고, 그 집에는 가난한 농부가 살고 있었다. 왕은 정원을 망치지 않기 위해 그 초가집을 헐어버리고 싶었다. 그래서 왕은 가난한 농부의 집에 대신을 보내서 농부가 초가집을 팔도록 설득하게 했다.

대신은 농부에게 가서 말했다.

"자네에게 복이 터진 걸세. 왕께서 자네의 초가집을 사고 싶어 하신다네. 이 집의 가치는 10루블도 안 되지만 왕께서는 100루블을 주신다네."

농부가 말했다.

"싫습니다. 저는 100루블에 이 집을 팔지 않겠습니다."

대신이 말했다.

"그렇다면 200루블은 어떤가?"

농부가 말했다.

"200루블이든, 1000루블이든, 팔지 않겠습니다. 저의 할아버지와 아버지께서도 이 집에서 사시다가 돌아가셨고, 저 역시 늙어 죽는 날까지 이 집에서 살 것입니다."

대신이 왕에게 가서 말했다.

"농부가 아무리 큰 돈을 준다고 해도 집을 팔지 않겠다고 합니다. 그러니, 전하, 그 농부에게 한 푼도 주지 마시고 그냥 초가집을 헐어버리도록 명령하시옵소서. 그러면 만사가 해결될 것입니다."

왕이 말했다.

"아니요. 나는 그렇게 하고 싶지 않소."

그러자 대신이 말했다.

"무슨 말씀이십니까? 전하께서 사시는 궁전 앞에 다 쓰러져가는 오두막이 있다는 것이 웬 말입니까? 모두들 궁전을 바라보며 수군거리겠지요. '궁전은 멋진데 초가집이 있어서 경치를 망치는구나. 아마도 왕에게 돈이 모자라서 저 오두막을 사지 못했나 봐'라고 말입니다."

왕이 말했다.

"아니요. 그 반대이시요. 사람들은 궁전을 가리키며 이렇게 말할 것이오. '저런 궁전을 지은 것을 보니 분명 왕에게는 돈이 많은가 보군.' 그리고 초가집을 보며 이렇게 말할 것이오. '이 왕은 돈만 많이 갖고 있는 것이 아니라 훌륭한 성품도 가지고 있군!' 이라고 말이오. 초가집을 그냥 내버려 두시오."

톨스토이가 들려주는 자연 이야기

초판 1쇄 : 2006년 10월 10일 발행

지은이 : 레프 톨스토이
그린이 : 강수진
옮긴이 : 홍순미
펴낸곳 : 도서출판 써네스트
펴낸이 : 강완구

출판등록 : 2005년 7월 13일 제 313-2005-000149호

주 소 : 서울시 마포구 망원동 379-36
전 화 : 02-332-9384
팩 스 : 02-332-9383
이메일 : sunestbooks@yahoo.co.kr

값 8,500원
ISBN 89-91958-03-6 73890

*이 책은 신저작권법에 따라 보호받는 저작물이므로 무단 전재와 복제를 금하며, 내용의 전부 또는 일부를 재사용하려면 반드시 저작권자와 도서출판 써네스트 양측의 동의를 받아야 합니다.

정성을 다해 만들었습니다만, 간혹 잘못된 책이 있습니다.
연락주시면 바꾸어 드리겠습니다.